長谷川幸洋

明日の日本を予測する技術

「権力者の絶対法則」を知ると未来が見える!

講談社＋α《プラスアルファ》新書

まえがき――日本の大問題の裏に潜む絶対法則

権力を握る者は、日本であれ世界のどこかの国であれ、物事の考え方や判断、行動に「絶対法則」のようなパターンがある。私は日本の政治や世界の情勢を眺めるうちに、そんな考えにとらわれるようになった。

この局面で、首相は次にどうするか。大統領は次にどんな一手を打つだろうか。私は日々、そんなことを考えながら、ネット媒体の『現代ビジネス』や『夕刊フジ』『月刊ＷｉＬＬ』『四国新聞』など、レギュラーだけでも週平均で二～三本のコラムを書いている。これまで私はコラムや記事で、首相の突然の辞任表明や衆議院解散、消費税増税の延期、あるいは米国のドナルド・トランプ大統領による米朝首脳会談中止の決断など、内外の重大局面でいくつも将来の展開を予想し、的中させてきた。

それは、当事者たちから事前に情報を教えてもらっていたからではない。公開情報を丹念に調べ、権力者本人たちの立場に身を置いて考え、さらに周辺情報を取材した結果である。

私が最初に予想を的中させた例を挙げれば、二〇〇八年九月の自由民主党（自民党）の福田《ふくだ》康夫《やすお》首相の退陣に遡《さかのぼ》る。

福田首相はなぜ退陣したか。詳しい経緯は本文に譲るが、それは政権与党の内部から、目に見えない形で反乱が起きたからだ。その結果、政権運営が困難になった。そこで「もはやこれまで」と覚悟を決めたのである。公開情報からの情勢分析、そして取材の結果、「首相退陣は秒読み」と見た。すると、私の予想より一ヵ月も早く、福田首相はさっさと退陣してしまった。

あるいは、二〇一八年五月のトランプ大統領による米朝首脳会談中止のケースはどうだったか。私は、トランプ政権によるイラン核合意破棄に続いて、北朝鮮が二回目の中朝首脳会談の後、強気に転じたのを見て、目前に迫っていた米朝首脳会談について、「大統領が壊す可能性が出てきた」と書いた。もはや「米朝のガチンコ対決は避けられない」と見たからだ。これも的中した。

多くのマスコミが「ここまで来たら、大統領は一一月の中間選挙を乗り切るために、メンツにかけて交渉をまとめるだろう」などと予想していた最中である。大方のマスコミ予想は、まったくピンぼけだった。

日本のマスコミには、根拠のない思い込みや自分の願望に基づいた解説や予想が氾濫《はんらん》している。とりわけ、左派マスコミにその傾向が強い。権力者がどう考えるか、よりも「自分がどう願っているか」を優先しているのだ。

日本のマスコミがトンチンカンなのは、彼らの思い込みに加えて、取材報道に関わる方法論の問題もある。多くの記者は目の前の事態を、内側からではなく、外側から眺めている。外から事態を眺めて記述するのは、客観性や公平さを保つために重要だろう。

だが、私は「自分自身が権力者のように事態のど真ん中に立っていたら、どうするか」を考える作業も、それに劣らず重要と考えている。一種の思考実験でもある。「次の展開を予想する」には、内側に立って考える作業が不可欠だ。なぜかといえば、理由は単純だ。権力者自身は、けっして事態の外側に立っているわけではないからだ。

彼らはいつだって「内側」にいる。それは当たり前だ。彼らが内側にいなければ、権力者ではあり得ない。そんな彼らの思考と行動を読み解いて、次の展開を予想するには、自分も彼らの立場に身を置いて、情勢を判断しなければならない。

この本は、そういう私の方法論を明らかにしようとした試みである。「権力者の絶対法則」を考えながら、私の「明日を予測する技術」を初公開する。それは政治や経済、国際関係だけでなく、会社や組織の身近な人間関係をさばいていくうえでも役立つだろう。

また本書では、日本が直面している大問題を取り上げ、それらの推移を時系列に従って解説しながら私の基本的な考え方を記した。北朝鮮の核とミサイルはもちろん、日本人拉致《らち》問題、中国の脅威、憲法改正、北方領土、集団的自衛権と安全保障、トランプ外交、財政赤字の嘘、アベノミクス、左派マスコミの偏向、野党の行方などについてだ。詳しくは目次を参照していただきたい。

うまく説明できたかどうかは読者の判断にお任せする。権力者たちはどう考え、決断しているのか。また、日本の大問題はどう考えるべきなのか。以下、私の方法と考え方を述べていきたい。

目次◉明日の日本を予測する技術 「権力者の絶対法則」を知ると未来が見える！

第二章　スキャンダルの舞台裏を読む技術

第三章　日本経済の実力を読む技術

第四章　野党と左派マスコミの行動原理を読む技術

第五章　外交・安全保障のロジックを読む技術

第六章　北朝鮮・韓国を中国から読む技術

第七章　米中「新冷戦」の帰趨を読む技術

第一章　公開情報を読む技術

安倍首相が解散を決断した理由

最初に取り上げるのは、自民党の安倍晋三《あべしんぞう》政権が圧勝した二〇一七年一〇月の衆議院選挙（総選挙）のケースである。このときは「選挙になる」と決まってから「希望の党」が誕生した。希望は当初、大変な人気を集めたが、小池百合子《こいけゆりこ》代表（東京都知事）の不用意な一言をきっかけに勢いを失い、代わりに立憲民主党が急浮上した。まさに「シナリオなき戦い」だった。

だが、衆院解散を決断した当の安倍首相はどうだったのか。勝利を確信していたからこそ、解散に踏み切った。それは当然である。勝利を確信できずに、イチかバチかで解散するような首相はいない（実は、そう追い込まれてしまった首相もいたが、それは後で触れよう）。

野党や左派マスコミ、あるいはコメンテーターたちは、「大義なき解散」とか「モリカケ疑惑隠し」などと批判した。だが、安倍政権は圧勝した。なぜ、国民は安倍政権を選んだのか。それは必然だった、と私は思う。安倍政権は勝つべくして勝った。

安倍首相も「この戦いは必ず勝つ」と確信していた。なぜかといえば、事前に「国民の支持」が明らかになっていたからだ。それは世論調査に表れていた。

安倍首相が衆院解散を決断する前、二〇一七年九月時点で各社の世論調査は、次のような結果になった。まず安倍内閣の支持率と不支持率である（以下、数字は％、カッコ内の△は前回調査比増、▼は同減。日付は調査日でいずれも九月、「選挙ドットコム」サイトから）。

読売新聞（八〜一〇日）	支持五〇（△八）	不支持三九（▼九）
NHK（八〜一〇日）	支持四四（△五）	不支持三六（▼七）
毎日新聞（二〜三日）	支持三九（△四）	不支持三六（▼一一）
NNN・日本テレビ（八〜一〇日）	支持四二・一（△六・五）	不支持四一（▼六・三）
朝日新聞（九〜一〇日）	支持三八（△三）	不支持三八（▼七）
JNN・TBS（二〜三日）	支持四八・一（△八・四）	不支持五〇・五（▼八・五）
共同通信（二〜三日）	支持四四・五（△〇・一）	不支持四六・一（▼二・九）

前回調査に比べて全社で支持が増えて、不支持が減っていた。とりわけ、安倍政権に批判的だったJNN・TBSでは、支持の増加と不支持の減少が八ポイント強もあった。モリカケ問題で批判された安倍政権は夏まで支持率を大きく減らし、七月の東京都議選では惨敗していた。ところが九月に入ると、劇的と言えるほど支持が回復したのである。

政党支持率も見ておこう（次ページ、数字は％）。

いずれも自民党の支持率が三〇〜四〇％前後で高く、民進党は一桁台だった。世論の動向は明らかだった。安倍政権の支持率は大きく回復し、野党では、新体制が発足した民進党へ

	自民	民進	公明	共産	維新	自由	社民	こころ	支持政党なし
NHK	三七・七	六・七	三・一	二・六	一・一	〇・三	〇・五	―	四〇・八
朝日	三五	五	二	三	一	〇	〇	〇	四六
読売	四〇	五	三	三	一	〇	〇	〇	四五
NNN・日本テレビ	三七・九	八・五	三・九	三・二	一・三	〇・七	〇・七	〇	三八・七
共同	三四・七	七・五	四	三	二・五	〇・三	〇・七	〇・一	四五・九
毎日	二九	五	四	二	二	〇	一	〇	五〇
JNN・TBS	三二・四	六・四	二・八	四・二	一・一	〇・二	〇・八	〇・一	四九・四

の期待が盛り上がらず、小池新党も同様だったのだ。

野党が模索していた野党連携と選挙協力にも国民は批判的だった。つまり、選挙協力が実現しても、野党勢力に大きく票は流れそうにない。となれば、首相が「いまが解散のチャンス」と見るのは自然の流れだろう。

以上の結果は二〇一七年九月一二日火曜日までには出そろっていた。日本一の発行部数を背景に、政権に大きな影響力がある『読売新聞』が「内閣支持五割回復　『前原氏に期待せず』六〇％」と一面で報じたのは一二日である。安倍首相が衆院解散を最終的に決断した最大の要因は、こうした世論調査の結果だった。

首相を苦笑させる質問とは何か

この日以降、政権内で解散論が一挙に高まったが、マスコミの反応は鈍かった。もっとも早く解散説を報じたのは『夕刊フジ』だ。同紙は九月一三日発売（一四日付）の紙面で「山尾引き金　九・二五解散強まる」と一面トップで報じた。夕刊紙とあなどるなかれ。安倍首相は他の大手紙をさしおいて、定期的に同紙の単独インタビューに応じている。『夕刊フジ』の鋭さは、解散予想の的中によっても証明された。

私はこの記事をきっかけに、各社の世論調査をチェックした。それが上記の結果だが、これを見れば「首相は解散を決断する可能性が高い」と容易に分かる。

しかも、当時は北朝鮮情勢が一段と緊迫していた。北朝鮮が二度目の水爆実験をしたのは九月三日である。このまま行けば、二〇一七年暮れから一八年にかけて、米国が軍事攻撃に踏み切る可能性も濃くなっていた。首相が解散に踏み切るには、いまを措《お》いて他にない。

以上のような客観情勢と取材を加えて、私は同一五日公開の『現代ビジネス』コラムで「九月臨時国会での冒頭解散」を予想した。同じ日に収録された読売テレビの人気番組『そこまで言って委員会ＮＰ』でも、解散予想を話した（放送は一七日）。

予想は的中した。コラムの末尾で「安倍首相はいま『冒頭解散が頭をよぎっている』のは間違いないはずだ。これをどう確かめるのか。頭の中を確かめるのは至難の業《わざ》だ……いまは『いずれ、なんらかの展開があったときに分かる』としか申し上げられないのが、実に残念である（笑）」と書いた。

思わせぶりな書き方をしたので、『現代ビジネス』編集部によると、永田町では「長谷川はどこまで知っているのか」と、臆測が飛び交っていたらしい。正直に言う。私は、だれかから秘密の解散情報を入手して書いたわけではない。

安倍首相や菅義偉《すがよしひで》官房長官など、政権トップに取材しようと思えばできなくはないが、首相や官房長官に「解散するんですか」などとは、とても恥ずかしくて聞けない。解散について「総理は嘘をついてもいい」というのが政界の常識である。私が「解散するんですか」と質問すれば、首相も官房長官も「いったいどうしたの（笑）」と苦笑するに違いない。私は「読み」に基づく見通しを書いただけだ。

報道各社は反応しなかった。日本テレビが一六日夕方に「早期解散論が急浮上」と速報を打ち、『産経新聞』『朝日新聞』『東京新聞（共同電）』、そしてＮＨＫなどが解散見通しを報じ始めたのは、ようやく一七日朝からである。

おそらく「ウチも実は取材していた」という社もあるだろう。だが、それはまったく意味がない。そもそも、私は政治記者の取材力をあまり評価していない。それは、二〇一四年総選挙の経験があるからだ。

官房長官がニヤリと笑ったら注意

私は、二〇一四年一一月の衆院解散でも予想を的中させている。

当時は一〇％への消費税増税を断行するか先送りするかどうか、が最大の焦点になっていた。鍵を握っていたのは景気動向である。

菅官房長官は同年一〇月二二日の定例記者会見で「国内総生産（GDP）の一四年七〜九月期の速報値を見て判断する」と発言した。タネを明かせば、この一言で私は「これは解散だ」と確信したのである。どういうことか。

菅長官はそれまで「増税するかどうかは、GDP改定値を見て判断する」と繰り返し語っていた。改定値の発表は一二月八日。一方、速報値は一一月一七日発表の予定だった。つまり一ヵ月近い「判断の前倒し」になる。そして、この前倒しには決定的な意味がある。

なぜかといえば、当時、開会中だった臨時国会の閉幕日は一一月三〇日だったからだ。一二月八日の改定値で判断するなら、そのとき国会はすでに閉じている。だが、一一月一七日に発表される速報値で判断するなら、国会はまだ開会中だ。

そうであれば、増税断行であれ先送りであれ、安倍首相が速報値で判断してしまえば、その後は与野党を巻き込んで賛否両論が沸き起こり、国会は残りの重要法案審議どころではなくなってしまう。当時は女性活躍推進法案の審議を控えていたが、これは事実上、廃案か先送りせざるを得ない。

それにもかかわらず、国会開会中に「速報値で判断する」とは、残りの国会審議はどうなってもいい、いわば「捨てたも同然にする」という話にほかならない。それはなぜか。「衆院を解散してしまうから」だ。

私は官房長官会見をネットで見て、以上のような推論が直ちに頭の中を駆け巡った。その日（一〇月二二日）の午後は、当時コメンテーターを務めていたニッポン放送のラジオ番組『ザ・ボイス　そこまで言うか！』の出演日だった。そこで、私は番組冒頭、官房長官の会見内容を紹介しつつ「安倍政権は解散・総選挙を視野に入れた」と解説した。

この見立ては正しかった。

もう時効だから書いてもいいと思うが、後になって菅官房長官自身が私に、「あのときは完全に長谷川さんにやられちゃったね。あなただけだよ。記者たちはだれも『速報値』の意味に気が付かなかったんだから」と、苦笑しながら打ち明けてくれた。

つまり「正しい読み」が「正しい結論につながった」のである。

菅官房長官は会見で「増税問題はＧＤＰ速報値で判断する」という絶妙なヒントを出して

いた。私に言わせれば、それを聞いて「これは解散だ」とピンとこないほうがどうかしている。

だが、官邸にいる記者たちは、だれも反応しなかった。私が一〇月二二日にラジオで話してから、六日過ぎた二八日以降になって、ようやく『産経新聞』などが「年内解散論が急浮上」と報じ始めたのだ。いまの政治部記者たちは、それほど感度が鈍い。

実は、菅官房長官には独特のクセもある。記者会見で並み居る記者たちに重大なヒントを与えるとき、相手を試すようにニヤリと不敵な笑みを漏らすのだ。このときもそうだった。私が「これは」と思ったのは、長官がその笑みを漏らしたからでもあった。政権に密着取材している記者でなくても、筋道立てて考え、サインを正しく読み解けば「これは解散になる」と予想するのは可能だったのである。

菅官房長官が記者会見で重要なヒントを与えた例は他にもある。

たとえば、二〇一四年五月の日朝合意に基づく「北朝鮮による日本人拉致問題の特別調査委員会」の立ち上げである。この委員会は「拉致問題解決に向けて大きく前進するかもしれない」と期待され、設置自体が大ニュースになった。

北朝鮮による委員会の設置は、拉致問題に関する首相を含む四大臣会合で報告されたが、菅長官は直前の記者会見で、委員会設置の件は伏せて、四大臣会合の開催のみを発表した。

官房長官は「委員会の設置はまだ言えないが、拉致問題で重大な進展がある」可能性を記者に示唆《しさ》していたのだ。菅氏は後に「四大臣会合を開くといえば、ピンとくるだろうと思った」と私に述懐している。ところが、だれ一人としてピンとこなかった。

菅長官は「四大臣会合の開催と言っているのに、だれもそれ以上、突っ込んでこなかったんだよ」と語った。もし深追い取材していれば、大特ダネになったはずだ。

私の予想が外れたケースもある。二〇一六年七月の参議院選挙で、私は衆参ダブル選と予想し、コラムやテレビでもそう公言した。結果は参院選単独になり、予想は外れた。だが、このときも、安倍首相自身が同年六月一日の記者会見で「ダブル選が頭をよぎったのは否定しない」と認めている。

なぜ安倍首相がダブル選を避けたかといえば、同年四月に熊本地震が起きたからだ。多くの被災者たちが避難所暮らしを余儀なくされている中、選挙どころではなくなってしまった。私がダブル選を予想したのは、二〇一四年の総選挙と同じく「消費増税を再延期するに違いない」と読んだからだ。増税再延期については、安倍首相が先の会見で再延期を表明し、予想通りになった。

政治家と記者の視線の先

話を一七年一〇月の衆院選に戻そう。

政治記者たちが必死になって情報を求め追いかけているのは、総理、官房長官、官房副長官、首相秘書官といった官邸中枢や与党幹部たちの言動である。朝から晩まで大物政治家たちの一挙手一投足に注目し、「何か新しい動きはないか」と懸命に取材している。

ところが、政治家の側は何を見ているのか。記者たちなのか。新聞やテレビの報道は国民に影響を与えるから、記者たちが何に注目しているのか、当然、気にはしている。だが、最大の関心事ではない。政治家が見ているのは普通の国民である。国民が何を感じているのか、そこに注目している。

これは当然だろう。国民の意見を無視して政治ができるわけがない。早い話、議員は当選するのもおぼつかなくなる。政権は内閣支持率が下がって、まかり間違えば政権を失うハメになる。だから建て前ではなく、政権運営に関与する大物になればなるほど、政治家は国民の動向に細心の注意を払っている。

政治記者たちはこの点を理解しているようでいて、実は分かっていない。彼らは政治家の言動ウオッチに精力を注ぐあまり、当の政治家たち自身が何をもっとも気にして、注意を払っているのかを見失っている。だから、めぐりめぐって、首相はじめ大物政治家たちが関わる政治、政策、政局の動向を見誤ってしまうのである。

安倍首相が解散を決断した大きな要因は、支持率の回復だった。政治記者は後講釈でもっともらしく解説はするが、だからといって、彼らは内閣支持率が回復したのを見て「これで解散になる」とまでは考えが及ばない。政権中枢のだれかが解散見通しをほのめかしてくれない限り、記者は自分の足で一歩も前に踏み出せない。残念ながら、それが日本の政治報道の現実である。

記者たちは政治家を見て、政治家は国民を見る。言い換えれば、日本の政治を動かしている本当の主役は国民である。国民は選挙で国会議員を選び、議院内閣制の下で国会議員が首相を選び、首相が内閣を作っているのだから、当然である。

日本の政治を眺め、国の行く末を考えるとは、国民の動向を見極め、人々の気持ちを考えることにほかならない。そういう作業が政治の観察である。多くのマスコミ関係者や記者たちは、政治家や永田町の観察が、すなわち政治の観察だと勘違いしている。肝心要《かんじんかなめ》の「国民」を見失っているのだ。

とりわけ左派マスコミはそうだ。自分たちが国民の代表であるかのように思い込んでいる。彼らは自分の信条やイデオロギー、あるいは心情に基づいて政治を報道している。

公開情報で予想可能な政治の展開

左派マスコミに限らず、政治記者の取材対象は、もっぱら主要な政治家や官僚たちだ。世論調査の結果など、実はほとんど見ていない。それは自分が発掘したニュースではない。一言で言えば、自分がやった、あるいはやるべき仕事ではないからだ。

よって典型的な解散報道は、「首相周辺によれば、首相が解散の意向を固めた」というスタイルになっている。記事になる前には、永田町や霞が関で「総理が解散を考えているようだ」といった情報がまことしやかに流れたりしている。

だが、その手の情報には、ほとんど意味がない。首相が解散を決断するかどうかは、最終的に首相一人の胸の内にある。首相の最側近である官房長官や首相秘書官らは事前に相談を受けてはいるだろう。それは先に紹介した二〇一四年一一月解散のケースが証明している。菅長官は首相の解散決断を事前に知っていたからこそ「GDP速報値で増税の是非を判断する」と語った。

だが、世間が解散を予想していない段階で、首相や官房長官が事前に記者や政治家に「本心」を漏らすことはない。あるとすれば、それは観測気球ないし世論操作、あるいは野党に対する牽制《けんせい》だ。つまり「意図したリーク」である。

そんな政治的思惑に基づく情報の発信源は「官邸周辺」（官房副長官や首相秘書官といった中枢クラス）だったり、「要路《ようろ》」と呼ばれる「与党幹部」（幹事長や政調会長など主要役員クラス）だったりする。週刊誌を含め、マスコミが報じるニュース、ないしは永田町周辺で語られる噂《うわさ》は、たいてい、そこが発信源になっている。

噂に踊らされず、政権の本心を突き止めようと思ったら、首相や官房長官を直撃するしかない。首相や官房長官から直接、話を聞けたとしても（首相や官房長官と一対一で取材するのは、並の記者にはできない相談だが）、解散話が世間に知れ渡っていない段階で記者が直撃したところで、相手は本心を明かすはずもない。

結局、永田町を飛び交う解散にまつわる「極秘情報」など無意味なのだ。

それよりも、世論調査に表れる国民の声のほうがはるかに重要である。政治記者が書く政治記事に頼らなくても、かなりの程度、公開情報で政治の展開を予想できる。

質問を政治活動と自覚する記者

首相や官房長官を直撃した質問と書いて思い出した。官房長官の記者会見で直撃質問を連発して話題になった『東京新聞』の女性記者がいる。こうしたことをテーマに、新書も出版している。ここで少し触れておこう。

彼女は「長官に質問するのが私の使命」と思っているらしいが、そこから勘違いしている。記者の仕事は原稿を書くことだ。質問自体が仕事ではない。彼女は長官に質問して記事を書いているかといえば、私の知る限り、実はあまり書いていない。質問して何か新事実を発掘したかといえば、それもない。ようするに、直撃質問で自分を売り出しているのだ。そもそも彼女は、質問という行為を政治活動と自覚しているようでもある。

彼女は政権打倒に立ち上がったジャンヌ・ダルクのような気分なのではないか。なぜ、そんな記者が出てきたか、については後で書く。それは左派マスコミ全体の問題でもある。彼女はたまたま出てきたのではない。私はこれも必然だった、と思っている。

記者は国民の代表でもなんでもない。私に言わせれば、記者の多くは単なるサラリーマンだ。多くの記者は上司のご機嫌を損《そこ》ねないように注意を払いながら、ゴマもすりつつ、永田町に来れば「国民の代表として質問する」と啖呵《たんか》を切ってみせるのだ。

さて二〇一七年九月、衆院解散が決まると、何が起きたか。政治家たちは直ちに反応した。民進党で離党者が相次ぐ一方、民進党と自由党の合併話も浮上した。東京都知事の小池百合子氏は新党、希望の党を立ち上げた。民進は希望との合流を模索したが、小池代表の排除に遭って、枝野幸男《えだのゆきお》氏らが立憲民主党を創設し、残りは無所属で出馬した。

これらの出来事は、何を物語っていたか。

一言で言えば、解散によって国民が議員たちの生殺与奪権《せいさつよだつけん》を握った結果、野党政治家たちは空理空論を唱えていられなくなったのだ。民進議員は「このままでは自分たちの当選がおぼつかない」と見て希望にすり寄り、断られた議員たちは立憲民主党を立ち上げ、あるいは無所属で戦わざるを得なくなった。つまり「国民が野党を動かした」のである。

野党や左派マスコミは解散について「大義なき解散」と批判した。だが、投票するまでもなく、目に見えない「国民の意思」が政治を動かしてしまった。大義がないどころか、それこそ「政治の王道」だったのである。

民主党の野田政権下で官僚たちは

首相が政局の節目で衆院解散を選ばず、内閣総辞職を選んだケースもある。少し古いが、これも予想が的中した福田康夫政権の例を紹介しよう。

いまは休刊になった雑誌『月刊現代』二〇〇八年一〇月号に、私は「麻生&公明党が仕掛ける福田内閣一〇月退陣」という記事を書き、そこで福田首相の退陣を予想した。雑誌が発売されたのは九月一日だったが、まさに発売当日の一日夜、福田首相は緊急記者会見を開いて、内閣総辞職を発表した。

福田退陣予想は政局の読みが鍵になった。当時の政局はどうだったか。

主役は福田首相と、自民党幹事長に就任したばかりの麻生太郎《あそうたろう》氏（後に首相）、それに公明党である。麻生氏は新聞インタビューなどで、次期総理への意欲を隠していなかった。一方、公明党は与党の一角を占めていながら、福田首相に反旗を翻《ひるがえ》しつつあった。福田首相は衆院解散・総選挙を予算成立後の二〇〇九年五月以降に先送りしようとして、公明党はそれに反対していたのである。

なぜ公明党が反対したかといえば、二〇〇九年七月に東京都議選を控えていたからだ。〇九年五月以降の解散になると、公明党はもっとも重視する都議選と衆院選をダブルで戦うはめになる。人とカネに余力がなくなって、両方とも負けてしまいかねなかったのだ。

私は自民党有力議員に接触した。深夜のホテルのバーで、私が「公明党はどうするつもりなのか」と尋ねると、彼はずばり言った。

「公明党は福田の手で解散・総選挙になる事態を望んでいない。どうしても五月以降の解散を阻止する必要がある。そこで、どうするか。公明党は福田に来年度の予算編成をさせないつもりではないか」

これは衝撃的な話だった。というのは、当時は与党が参議院で過半数割れを起こした「ねじれ国会」の状態だ。公明党が税制改正法案に賛成せず、衆院で三分の二以上の賛成を必要とする再議決にも応じなければ、福田首相が予算編成したところで、財源を手当てする税制改正法案は成立しない。すなわち、政権は直ちに行き詰まってしまうのだ。

公明党には「反旗の兆候」も見えていた。太田昭宏《おおたあきひろ》代表が、福田氏からの会談要請を「地元の盆踊り大会に出席する」という理由で断ったのだ。盆踊りを理由に首相からの会談要請を断った与党代表は、太田氏くらいだろう。

私は異常さにピンときた。そこで別の自民党有力議員を訪ねて、ずばり聞いてみた。「公明党は福田政権の倒閣に動いているのではないか」。すると、相手は一瞬、考えたうえで、私の推測に「そういうことだ」と同意したのである。

取材結果が示す結論は明らかだった。私は、麻生氏と公明党が福田退陣を目指すなら、「ぎりぎり一〇月が大きな山場になると見て間違いない」「福田政権の命運を握っているのは、いまや麻生と公明党である」と書いた。すると先に書いたように、雑誌発売と同時に、福田首相は退陣してしまったのである。

福田退陣と似たケースがある。二〇一二年一一月に解散に追い込まれた民主党の野田佳彦《のだよしひこ》政権だ。こちらも、私は『現代ビジネス』などで衆院解散を予想し、的中させた。基本的な考え方は福田政権とほとんど同じである。

当時も、衆院では与党の民主党が多数を握る一方、参院では少数与党で、やはり「ねじれ国会」だった。二〇一三年夏には衆院の任期満了を控えており、解散するか任期満了選挙を迎えるか、野田政権は決断を迫られていた。そんな中、野党の自民党は野田首相に年内解散を求め、応じなければ特例公債法案に賛成しない方針を通告していた。

特例公債法案とは、赤字国債の発行を認める法案である。この法案が成立しなければ、予算案が成立しても歳入欠陥になってしまい、予算は執行できない。つまり政権はお終《しま》いになる。そんな中、財務省は水面下で野田首相に解散を迫っていた。予算編成してみたところで、特例公債法案が成立する見通しが立たなかったからだ。

任期満了選挙になれば「デタラメな政権運営を繰り返した民主党は政権から滑り落ちる」という財務省なりの判断もあった。霞が関と永田町周辺を取材してみると、「財務省はもう完全に野田政権を見限っている」という情勢がはっきりした。官僚たちは民主党を見限り、せっせと「自民党詣で」に励んでいたのである。

野田首相は衆院を解散する以外に手はなくなっていた。先送りしたところで、事実上、死に体だ。以上のような情勢分析を基に、私は二〇一二年一〇月末から一一月初めにかけて、『現代ビジネス』コラムで繰り返し解散見通しを書いた。これも的中した。

自分が権力者になって展開を予測

福田政権と野田政権のケースから分かるのは「政権運営の最大の肝《きも》は予算編成にある」という点である。予算を編成できない政権は倒れる以外にない。その際、決め手になるのは、予算案本体もさることながら、実は税制改正法案と特例公債法案である。

なぜかといえば、予算案は憲法で衆院の優越が定められており、参院で可決できなくても成立する。だが、税制改正法案と特例公債法案は通常の法律案と同じく、参院で可決されなければ、衆議院で三分の二以上の賛成を得て再可決しないかぎり、成立しない。

だから「ねじれ国会」においては、「税制改正法案と特例公債法案が参院でも可決できるかどうか」が決定的な意味を持つ。福田政権と野田政権では、衆院と参院で多数派が与野党で入れ替わる「ねじれ国会」だった。そうした状況では、参院で賛成を得られる見通しがなければ、政権は実質的に予算編成ができない。編成してみたところで、歳入欠陥が避けられないので意味はない。結局、内閣総辞職するか（福田政権）、一か八かで解散する（野田政権）以外に選択肢がなくなってしまうのである。

この二つのケースは、最高権力者の首相といえども、予算案と税制改正法案、そして特例公債法案の成立というハードルを越えられなければ、辞任するか解散せざるを得ないという、「日本政治の絶対法則」を示している。政局を観察して、首相がハードルを越えられるかどうかを見極めれば、後の展開も予想できるのだ。

政局観察に、必ずしも有力な情報源は必要ない。公開情報だけで大方の流れは把握できる。情報源があるに越したことはないが、政局が煮詰まったときの情報は、往々にして、ためにする情報が多い。利害関係者の思惑が混じっている。

それよりも、たしかな事実を集め、自分が権力者になったつもりでロジックに基づいて展開を予想する。加えて、有力情報が得られれば言うことはない。ただ、何のシナリオもなしに情報源に当たっても、「こいつは何も考えてないな」と見透かされてしまうだけだ。

まずは頭をクリアにして、目の前の事実を基にしっかり考える。そのうえで、だれに聞いたら自分のシナリオを確かめられるか、を考える。その繰り返しだ。私はそうやって毎週のコラムを書いている。その際、もっとも重要な事実とは、動かせない日程と物事を決めるルールである。これは政局に限らず、社会一般の決めごとでも同じだろう。

安倍首相が国防軍を却下した理由

最初のケースに戻って、安倍首相が世論の動向を見て重大な決断をした例を、もう一つ挙げよう。それは憲法改正問題だ。

安倍首相は二〇一七年五月三日の憲法記念日に開かれた「第一九回公開憲法フォーラム」にビデオ・メッセージを寄せて、独自の憲法改正案を公表した。それは憲法九条第一項（戦争放棄）と第二項（戦力不保持と交戦権の否定）は現在のままにして、新たに自衛隊を明文化する条文を追加するという内容だった。

自民党は二〇一二年、九条について、九条の二を新設して「内閣総理大臣を最高指揮官とする国防軍を保持する」という草案をまとめていた。安倍提案は自民党内の議論を充分に尽くさないまま、首相が突然、公表した。そのため自民党内には、「これまでの党内論議はなんだったのか。総裁だからといって、議論もなく、いきなり独自草案を出しても容認できない」という意見が出た。それも、たしかに一理ある。

安倍首相はなぜ、党の草案とは異なる案を出したのか。それは国防軍のような提案では、与党である公明党と、なにより肝心《かんじん》な国民の賛意が得られないと判断したからだ。なぜ、そう判断したのか。それも実は、世論調査の結果である。

たとえば、NHKの二〇一五年四月調査で「憲法改正の必要がある」と答えたのは二七・七％。「必要はない」は二四・六％だった。翌一六年四月調査では「必要がある」が二七・三％、これに対して「必要がない」は三〇・五％。賛否の割合はほとんど変わっていなかった。

二〇一七年三月調査では「必要がある」は四二・五％に増えた一方、「必要はない」が三四・四％にとどまった。北朝鮮の脅威が現実味を帯びてきたからだろう。「憲法改正の必要がある」が「必要はない」を上回ったのは、改正賛成派には前進だった。だからといって、本当に改正が実現するかといえば、おぼつかない。私はほぼ不可能と見ている。なぜか。

鍵を握っているのは、賛成派でも反対派でもない、残りの「どちらとも言えない・分からない」と答えた人たちであるからだ。中間派とも言える、こういう人たちはどれくらいいるのか。

二〇一五年四月の調査に戻れば、当時「どちらとも言えない・分からない」人たちは四七・七%だった。翌一六年四月調査では、同じく四二・二%である。さらに一七年三月調査だと二三・二%に減っている。これは賛成と反対が増えた結果だ。

中間派の人たちは、いざ国民投票となったら、どういう投票をするだろうか。私は「ほとんどが賛成ではなく、反対に回る」と見る。なぜかといえば、まさに「どちらとも言えない・よく分からない」からだ。

憲法改正のような重要問題について「どちらとも言えない」あるいは「分からない」人たちは、国民投票になったからといって、突然、自分の考えを整理して賛成しようという結論にはならない。よく分からない話は、分からないからこそ「現状維持」を選ぶのだ。つまり改正反対である。「賛成に説得できる」と考えるのは甘い。

そうだとすれば、賛成派が増えた二〇一七年三月調査を基にしても、単純計算で賛成は四割強にとどまる。一方、反対は「どちらとも言えない・分からない」の中間派を加えて五割強になる。結果は「否決」となる可能性が高い。

あえて楽観的になれば、賛否が拮抗しているから「なんとか賛成・可決できる」かもしれない。だが、憲法改正のような問題は「できるかもしれない」程度の見通しでは、国民投票にかけられない。なぜかといえば「失敗は絶対に許されない」からだ。

仮に失敗すれば、何が起きるか。

ほとんど確実なのは、安倍政権の退陣である。憲法改正が安倍首相の悲願であるのは、よく知られている。護憲の反対派がなにがなんでも絶対反対に回るのも確実だ。つまり、賛成派と反対派のガチンコ対決になる。

結果が敗北だったら、政権はもたない可能性が高い。「憲法改正は残念でした。これからは他の政策課題でがんばります」などと言ってみても、国民は政権を見放すのではないか。野党は「敗北の責任をとって内閣総辞職せよ」と攻勢をかけ、国会審議はストップする。それで衆院を解散できるかといえば、そんな体力もなくなり、結局、内閣総辞職で再出発という展開になりかねない。

岸田文雄《きしだふみお》政調会長は、二〇一七年一〇月の講演で、改憲案が否決されて首相が退陣したイタリアの例を引き合いに出して、憲法改正の国民投票で「否決されたら政権が倒れるくらいの重みがある」と語った。その通りだろう。

問題はその後だ。安倍退陣の後を継ぐ政権は「安倍の仇を討つ」とばかり、再び憲法改正にチャレンジするだろうか。答えは、だれも挑戦しない。なぜかといえば、そんな重大事で国民が「ノー」と判断した以上、だれが後継政権に就いても、「安倍政権でもできなかった案件はとてもできない。オレは国民融和、安全運転で行く」という選択をする可能性が高いからだ。

安倍政権のもっとも奥深い秘密

つまり、どういうことか。

憲法改正は「絶対に失敗が許されない政治課題」である。賛成派が勝利して改正できる見通しがないまま、国民投票で勝負はできない。失敗すれば、この日本は二度と憲法改正ができなくなる可能性が高いのだ。

裏返せば、「うまくやれば、できるかもしれない」程度で勝負はできない、という話である。国民投票にかけるからには「絶対に間違いなく改正できる」というところまで、国民の間に賛成派を増やさなければならない。この点を理解できるかどうか、が憲法改正問題の鍵と言ってもいい。

安倍首相は完全に理解している。私はそれを本人に確認した。

二〇一二年、第二次政権が発足して間もなく、私は安倍首相から規制改革会議（当時、現在は規制改革推進会議）の委員を拝命した。そんな仕事が舞い降りてくるとは思いもよらず、ただ私は知人が作成した委員候補のリストを複数、首相に提出したのだが、そのリストの中に私の名前があり、首相はそれを見て私をピックアップしたのである。私は驚いたが、とくにお断りする理由もなく、お受けした。

それからしばらくして、安倍首相と会食する機会があった。その際、私は「憲法改正問題について、どうお考えなのですか」と質問した。

首相は次のように答えた。「長谷川さん、これは絶対に失敗が許されない。もし私の政権で失敗すれば、日本はもうずっと憲法を改正できないだろう。だから、まずは国民の理解を深める。それに尽きる」と言ったのだ。

念のために言えば、安倍首相は「私の政権で失敗すれば、次の政権があえて挑戦しようとは思わないだろう」とは言わなかったし、私も言わなかった。それは次の政権に敬意を欠く話になる。憲法改正とは、それくらい重たい課題なのだ。

以上の話は、政権運営の重要なポイントを示している。

どういうことか。それは「できないことはしない。できることを少しやる」ということだ。憲法改正について、やるべきかどうかと問われれば、安倍首相は「やるべきだ」と答えるだろう。私も「やるべきだ」と考える。私は憲法改正に賛成である。

だが「やるべきだ」という話と「実際にやれるかどうか」というのは、まったく違う。いくら「やるべきだ」からといって結局、やれなかったら何が起きるか。最悪の場合は、政権が壊れてしまう。憲法改正の場合、できなかったら政権が崩壊する可能性が高いのは先に述べたとおりである。

政治にとって重要なのは、やるべきか否《いな》かではない。あくまで「実際にやれるかどうか」。そして「結果を残せるか」である。よく言われる「政治は結果だ」とは、そういう意味だ。実際にやれもしないのに理想論で手を付けてしまって、結果的に政権が壊れてしまうようでは最悪である。

これは、二〇〇六年に成立した第一次安倍政権で、当時、政権中枢に関わった全員が身を切り刻むような思いで学んだ教訓でもあった。これは安倍政権のもっとも奥深い秘密でもある。ここが分からないと、安倍政権が長続きしている真の理由も理解できない。

「政策運営の絶対法則」とは何か

やや脱線するが、その辺りも説明しておきたい。

それは二〇〇七年初めに遡る。〇六年九月に成立した第一次安倍政権は、当初から改革を掲げて船出した。改革の象徴は公務員制度改革だった。ところが、政権発足時の佐田《さた》玄一郎《げんいちろう》・公務員制度改革担当相は同年一二月に事務所費問題が発覚し、辞任してしまう。後任の大臣に就任したのは、渡辺喜美《わたなべよしみ》氏だった。

渡辺大臣は改革に情熱を傾け、就任早々「公務員制度の改革に全力を挙げる」と表明した。ところが翌〇七年一月二五日朝、「事件」が起きた。通常国会が始まる初日だった。渡辺氏は当時の的場《まとば》順三《じゅんぞう》・内閣官房副長官（事務担当）によって閣議室に入る前に呼び止められ、「大臣、公務員制度改革をやるつもりですか。そんな話はとっくに終わってますよ。もしも本気で手をつけるなら、霞が関で倒閣運動が起きますよ」と告げられたのだ。

事務担当の官房副長官は霞が関の官僚機構を束ねるトップだ。その的場氏が、国会議員であり大臣の渡辺氏に対して「霞が関で倒閣運動が起きる」と言う。これは、役人が改革に抵抗して、大臣を脅したことにほかならなかった。

渡辺氏はその場で携帯電話を取り出し、私に電話した。そして、こう言った。

「いま、的場副長官にそう言われた。長谷川さん、覚えておいてくれ。これは大臣に対する霞が関の脅迫だ」

公務員制度改革はその後、どうなったか。改革が進むどころか、霞が関の総力を挙げた反転攻勢が始まった。それが「消えた年金五〇〇〇万件問題」である。年金記録が消えていた問題は同年二月ごろから浮上していたが、消えた年金が五〇〇〇万件にも上る事態が明白になったのは、五月に入ってからだ。

当時の民主党は「宙に浮いた年金記録」として政権追及を強めた。すると、世論調査で内閣支持率が急降下した。『毎日新聞』が二〇〇七年五月二八日に報じた調査では、内閣支持率は三二％へと、前月に比べて一一ポイントも下落した。『日本経済新聞』でも、同じく四一％へと、一二ポイントも支持率が下落した。

当時の社会保険庁は、問題にどう対応したか。何も動こうとはしなかった。五〇〇〇万件の数字にも言及せず、「国民からの照会を勧奨する」という姿勢で、積極的に動こうとはしなかった。「何か文句があるなら聞いてやる」という態度だったのである。

なぜ、そんな事態に陥ってしまったのか。根本の理由は、政権が役人を敵に回したからだ。社会保険庁の労働組合（国費評議会）は自治労（全日本自治団体労働組合）の最強組合として知られていた。彼らは自分たちがどんなにひどい仕事ぶりか、当然、だれよりもよく知っている。一方、安倍政権は社会保険庁改革を掲げていた。

当時の社保庁は、第一次安倍政権時代の二〇〇七年六月に成立した社会保険庁改革関連法によって日本年金機構に衣替えしたが、その理由は、旧社保庁があまりにデタラメな役所だったからだ。いまも「デタラメの伝統」が完全に改められたとは言えないが、旧社保庁の労働組合は当時、「第二の国鉄になってたまるか」とばかり猛烈に改革に抵抗した。その手段が消えた年金問題の暴露だったのである。

彼らは、自分たちのひどい仕事ぶりを水面下で民主党やマスコミに流したのだろう。それを材料に民主党やマスコミは安倍政権を追及した。それによって、政権もろとも改革を葬り去ろうとしたのである。当時の中川秀直《なかがわひでなお》・自民党幹事長は、この事態を、社保庁労働組合による「自爆テロ」と評した。まさに彼らは、自分たちのリストラや組織改革をつぶすため、政権を道連れにした自爆テロを敢行したのである。

第一次安倍政権は結局、消えた年金問題による内閣支持率低下が引き金になり、二〇〇七年九月、首相辞任という形で崩壊した。首相の体調不良もあったが、根本的には、公務員制度改革に対する官僚の抵抗が最大の理由である。

このときの経験から、安倍政権の中枢は何を学んだか。

それが「できないことはやらない。できることだけを少しずつやる」という先の教訓である。公務員制度改革は正しい政策だった。だが、残念ながら、最後までやりきるだけの政治的力量がなかった。だから失敗した。これは関係者にとっては苦《にが》い経験だった。

第一次安倍政権の崩壊後、霞が関を追われるように去った改革派官僚もいる。いま嘉悦《かえつ》大学教授として活発な論陣を張っている髙橋洋一《たかはしよういち》氏は、その一人だ。財務省出身の髙橋氏は当時、首相官邸で内閣参事官として改革案件の制度設計を担っていた。いま政策工房社長として規制改革などに取り組んでいる元経産官僚の原英史《はらえいじ》氏もそうだ。渡辺大臣補佐官を務めた原氏は、国家公務員制度改革推進本部事務局で働いた後、霞が関を去った。

原氏はその後、国家戦略特区ワーキンググループの委員を務め、加計《かけ》学園騒動が燃え盛ったとき、国会で重要な証言をした。規制改革推進会議でも、委員として活躍している。加計問題については、後で触れる。

安倍首相はもちろん、第一次政権で総務相だった菅官房長官、そして髙橋氏や原氏など、当時、政権中枢で改革を担った関係者は、みな胸の奥底で「できないことはやらない。できることを少しずつやる」という教訓をかみしめている。それは、だれもあえて口にしたりはしないが、全員が涙とともに学んだ教訓であり、「政策運営の絶対法則」なのだ。

大塚家具が示す教訓

一言、付け加えよう。

この絶対法則は企業経営でもまったく同じである。できないことに手をつけて失敗すれば、最悪の場合、企業がつぶれる。「経営者は何をすべきか」などという立派な話は書店に行けば、いくらでも手に入る。だが、真の問題は「私の会社で私が何をできるか」なのだ。

会社でできることを知っているのは、経営者以外にはいない。会社の中身を知らない学者などに分かるわけがない。サラリーマンの成り上がりである役員でも、分からない人が多いだろう。「何をやるべきか」などと空理空論の理想に燃えて、実際にはできもしないことに手を付けた挙げ句《あ　く》、大失敗した例は枚挙にいとまがない。

これはプロジェクトチームの責任者のような立場でも同じである。できることをやる。できないことはやらない。優秀なリーダーの条件とは「できること」と「できないこと」を見極めて、できることだけをする。それに尽きる。

たとえば現在、会員制というユニークな販売戦略を採って躍進してきた大塚家具が、経営不振に陥っている。二〇一五年に大塚久美子《おおつかくみこ》社長が、当時、会長だった創業者で父親の勝久《かつひさ》氏から経営の実権を奪ったが、身売りの危機に瀕している。

私は久美子氏に懸念を抱いていた。理由は簡単だ。彼女が経営の実権を握った際に勝久氏が開いた記者会見で、「勝久氏支持」の役員や幹部社員が後ろに勢揃いしていたからだ。

この光景がすべてを物語っている、と思った。久美子氏の経営路線が正しかったかどうかは関係ない。仮に正しかったとしても、その路線は大塚家具という会社で実現するのは難しかった。つまり、久美子氏は「できない話をやろうとしていた」のである。

ここが最大のポイントである。正しくても、なぜできないかといえば、勝久氏に育てられた優秀な役員や社員たちが支持しなかったからだ。彼らの多くは大塚家具を退社して、勝久氏が立ち上げた新しい会社「匠大塚《たくみおおつか》」に移った。そして、大塚家具は行き詰まった。

大塚家具のような例は、たぶん、他にもたくさんあるだろう。創業者の経営スタイルを二代目や三代目が改めようとして、失敗してしまう。「正しい路線」を目指しているのかもしれないが、それは「できない話」であることに気が付かないのだ。

政権運営でも、これはまったく同じである。

自衛隊の明文化を支持した世論

憲法改正の話に戻る。

二〇一七年三月のＮＨＫ世論調査が示していたように、国防軍保持を盛り込んだ自民党草案のまま進めば、賛成派が徐々に増えつつあったとはいえ、最終的には「よく分からない」層が反対に回ってしまう可能性が高かった。つまり、改正は実現できない。「国防軍を創設すべきだ」という「べき論」がいくら正しくても、できない話はできないのだ。

そうであれば、どうするか。そこが安倍首相の考えどころだった。その結果、出した答えが「憲法九条の第一項と二項はそのままにして、あらたに自衛隊の明文化を盛り込んだ条文を付け加える」という案だった。それは与党の一角を占める公明党の加憲案とも近い。これなら実現できる可能性があった。

そういう判断の下、自衛隊明記案を打ち出すと、国民はどう受け止めたか。それも世論調査の結果に表れている。たとえば『読売新聞』の二〇一七年五月一二〜一四日調査では、首相提案に賛成五三％、反対が三五％、答えないが一三％だった。賛成だけで半数を超えている。『産経新聞』とＦＮＮの調査では、賛成が五五・四％、反対が三六・〇％と、こちらも同じだった。ＮＨＫは賛成が三二％と少ないが、それでも反対の二〇％を上回っている。

総じて見れば、国防軍提案より賛成が増えているのは間違いなかった。

国会情勢はといえば、公明党が受け入れやすいのは間違いない。公明党には憲法改正自体に慎重論が少なくないが、それでも一歩、実現性が増したのはたしかだった。

つまり、憲法改正の安倍提案も、世論調査に表れた国民の意向を汲んだ結果だった。野党や左派マスコミは「安倍政権は戦争を目指して憲法改正を目論んでいる」などと唱えているが、勘違いもはなはだしい。

安倍首相は「なにがなんでも、憲法をこうしたい」と独善的に考えたのではない。首相が目指したのは結局、国民の考えをどう受け入れ、現実の結果に結び付けるかという、現実主義に基づく改憲路線である。むしろ国防軍提案に固執する一部の自民党議員たちのほうが、よほど理想主義者だろう。

理想を言うなら、私も国防軍提案のほうが理にかなっていると思う。だが、理想で現実の政治は動かない。

言い換えれば、実現しそうにない憲法改正案に固執するのは「形を変えた護憲論者」である。理想に固執することで、結果的に現状維持になってしまうからだ。

憲法改正は一度成功すれば、二度とはできない話でもない。むしろ最初に成功すれば、次もまたチャンスがある。最初の挑戦で理想的な形に改められなくても、二度三度と改正を提起すればいい。憲法改正とは、そういう話なのだ。この憲法改正については、第八章で詳述する。

安倍提案で憲法改正の実現性が高まると、野党はどう受け止めたか。それがモリカケ問題につながっていく。第二章はモリカケ問題の真相に迫りつつ、第三章で安倍政権の経済政策について見ていく。

第二章　スキャンダルの舞台裏を読む技術

モリカケ問題は民進解党への触媒

モリカケ問題とは、いったい何だったのか。

二〇一七年、北朝鮮が核実験と弾道ミサイル発射を繰り返していたというのに、野党と左派マスコミは、モリカケ疑惑の追及をこれでもかとばかり繰り返した。国民はそんな追及を支持したのかといえば、必ずしもそうとは言えない。

それは、安倍首相が衆院解散を発表すると、民進党は総選挙を戦う前に事実上、自ら党を解散してしまった事実にも示されている。野党や左派マスコミの追及が正しく、国民の支持を得ていたと信じるなら、どうして民進党は解党したのか。解党したのは、彼ら自身が「国民の支持を得ていない」と自覚していたからだろう。

ここに民主政治の本質、つまり「政治を動かしているのは結局、国民である」という絶対法則が貫徹している。この法則からは、首相も野党も逃れられない。私は民進党が解党するはるか前から、テレビやラジオ、あるいはコラムで、「民進党は流れ解散するしかない」と指摘してきた。実際、その通りになった。

なぜ私がそう考えたかといえば、民進党では、憲法改正や安全保障のような国の基本に関わる政策課題で、党内対立が鮮明だったからだ。民進党は決定的な対立を避けて、その場しのぎでごまかしていた。だが、中国や北朝鮮問題で安全保障環境が厳しくなればなるほど、ごまかせなくなるのは自明だった。

モリカケ問題は民進解党への触媒《しょくばい》としても作用した。安倍首相が森友と加計の両学園に特別な便宜を図っていたならともかく、すぐ見るように、それは濡《ぬ》れ衣《ぎぬ》だった。そうなると、問題はむしろ野党と左派マスコミの側にある、とバレてしまう。政権追及の矢はブーメランのように戻ってきて、「野党や左派マスコミは信頼できない」という不信が広がってしまったのだ。

左派マスコミが「偏向している」という認識は、二〇一七年夏には国民のあいだに広まっていた。森友学園の籠池泰典《かごいけやすのり》前理事長夫妻が大阪地検特捜部によって、国の補助金を騙し取った詐欺の疑いで逮捕されたのは、七月三一日である。籠池夫妻のあやしさは逮捕前から漂っていた。

たとえば六月二一日、籠池前理事長は安倍首相の妻である昭恵《あきえ》夫人が経営している東京都内の飲食店に突然、テレビカメラを引き連れて登場した。そして「安倍首相から受け取った寄付」という一〇〇万円を従業員に手渡そうとした。このとき籠池氏は一〇〇万円の札束をペラペラとかざしてみせたが、本物の一万円札は束の一番上と下だけで、あとは白い紙、それがテレビカメラに映ってしまった。

こんな子供だましのような振る舞いは、常識ある人間なら、しないだろう。ネットでは「二万サンドイッチ事件」として笑いのタネにされ、左派マスコミもこれ以上、報じ続けられなくなった。森友学園をめぐる騒動は刑事事件として立件されたので、これ以上、立ち入れない。森友問題の失速を見て左派マスコミが次に取り組んだのは、加計学園問題だった。

改憲案と加計問題の関係とは

加計問題が炎上する発端《ほったん》はなんだったか。

それは、『朝日新聞』が二〇一七年五月一七日に一面トップで報じた「新学部『総理の意向』 加計学園計画 文科省に記録文書 内閣府、早期対応求める」という記事だった。それまで加計問題はチラホラと報じられてはいたが、この記事は「安倍首相の関与」を初めて明確に指摘し、一気に燃え上がった。

朝日は「文科省が作成した」という複数の文書を入手し、その一つである「大臣ご確認事項に対する内閣府の回答」という文書に「今治市の区域指定時より『最短距離で規制改革』を前提としたプロセスを踏んでいる状況であり、これは総理のご意向だと聞いている」という一文があった。

朝日はこれを根拠に「加計学園が選ばれたのは、総理の意向なのだ」というキャンペーンを展開した。ところが、この記事には奇妙な部分があった。

記事は「総理のご意向だと聞いている」という部分に光を当てて読めるようにしていたが、その他の部分が黒く加工されていたのである。後に文部科学省が公表した本物の文書で「続き」が明らかになる。黒い部分には「『国家戦略特区諮問会議決定』という形にすれば、総理が議長なので、総理からの指示に見えるのではないか」とあったのだ。

本当に「総理の意向」があったのなら、わざわざ「総理からの指示に見えるのではないか」などとは書かない。言い換えると、文書の作成者は「総理の指示」がなかったと承知していたからこそ、そう書いたのである。私はそう受け止める。

日付にも注意してほしい。五月一七日というのは、どういう日だったか。第一章で紹介したように、安倍首相が独自の憲法改正案をビデオ・メッセージとして公表したのは、五月三日だ。その案はすでに書いたように、国民の支持を集めた。

朝日とすれば、そんな安倍政権に対する反対キャンペーンとして、加計問題は絶好のネタだっただろう。モリカケ問題が「政権のスキャンダルを報じたニュース」というより「政権打倒を目指すキャンペーン」という認識は、朝日が二〇一七年度の日本新聞協会賞を逃した件にもうかがわれる。新聞界のプロたちも、朝日のキャンペーンと見る向きが多かったのだ。

ちなみに、衆院議員の長島昭久《ながしまあきひさ》氏は当時、ツイッターで「昨日（注：一七日）たまたま話した朝日新聞のある幹部の表情には、社運を賭けて安倍政権に対し総力戦を挑むような鬼気迫るものがありました」と投稿している。

朝日の記事では「内閣府が文科省に『これは総理のご意向』と伝えた」という点がポイントだった。この話を本人はどう受け止めていたか。私はそのころ、安倍首相と会食する機会があった。そのとき、首相は「オレが『加計学園をよろしく』と言うなら、どこかの官僚じゃなくて大臣に言うよ。だって、オレは総理なんだから」と苦笑していた。それはまったく、その通りだろう。

首相は続けて「マスコミが加計問題に夢中になるのはなぜだろうね」と、真顔で私に聞いてきた。私は「それは、総理が独自の改憲案を出したからではないですか」と答えた。安倍首相は黙って聞いていたが、首相もそう受け止めていたのではないか。

野党と左派マスコミの政治的動機

加計問題の核心は加戸守行《かともりゆき》・前愛媛県知事が二〇一七年七月一〇日に国会の閉会中審査で述べた証言によって明らかになった。そこで、ここでは加戸氏自身がその後『月刊Ｈａｎａｄａ』二〇一七年一〇月号に寄稿した記事を紹介しよう。国会での証言内容とも重なっている。やや長くなるが、同誌編集部の許可を得て紹介する。以下がエッセンスだ。
・愛媛県では畜産獣医師が決定的に不足していた。四国で活動していた獣医師はもっとも少なく、全国の獣医師のわずか二・四％。
・今治《いまばり》市は二〇〇六年に獣医学部の誘致活動を始めた。誘致できれば、学園都市構想の推進と畜産獣医師不足の解消、国際的に通用する先端科学への取り組みで一石三鳥だった。多くの大学に持ちかけたが「やりましょう」と言ってくれたのは、加計学園だけ。だから「愛媛は加計ありき」だった。
・小泉内閣の構造改革特区制度を使って、福田内閣の二〇〇七年度に獣医学部の新設を提案した。以降、一五回申請し、一五回とも撥《は》ねられた。うち五回は安倍政権で不可とされたが、なぜかこの点は、あまり報じられていない。
・獣医学部は定員を超えた水増し入学が横行している。全国で一六の獣医学部全体で見ると、定員は九三〇人のところ、一二〇〇人から一三〇〇人も入学させている。
・二〇〇九年度の新設に対して、民主党政権は「実現に向け検討」と判断し、かなり大きく前進した。ところが、民主党獣医師議員連盟が結成された途端にブレーキがかかった。獣医師会が力を持った結果だった。

・二〇一五年六月に国家戦略特区に名乗りを上げると、獣医学部の新設について（一）現在の提案主体による既存の獣医師養成でない構想が具体化し、（二）ライフサイエンスなどの獣医師が新たに対応すべき分野における具体的な需要が明らかで、かつ（三）既存の大学・学部では対応が困難な場合には、（四）近年の獣医師の需要の動向も考慮しつつ、全国的見地から本年度内に検討する——という、当時の地方創生担当大臣だった石破《いしば》茂《しげる》氏による「石破四条件」が盛り込まれた日本再興戦略が閣議決定された。

・この石破四条件について、日本獣医師会の働きかけがあったのは間違いない。「大変苦慮したが、練りに練って誰がどのような形でも現実的に参入は困難という文言にした旨お聞きした」という（獣医師会の）活動報告が残っている。

・日本獣医師会の北村直人《きたむらなおと》顧問はなかなかの「実力者」だ。加計学園の加計孝太郎《かけこうたろう》理事長が二〇〇七年に獣医師会に挨拶に行った。その際、北村氏が「あなた、だれか政治家に友達はいるか」と尋ねたので、加計氏は「安倍晋三さん」と答えた。すると、一〇年後に北村さんが安倍総理と加計氏がゴルフをしている写真を文科省に持ち込んだ。そして「総理と加計理事長はこういう関係だから気をつけろ」と文科省に忠告した。それを受けて前川喜平・前事務次官は先入観を持ったのだろう。

・前川氏は「総理がお友達の加計学園理事長のためにやっているに違いない」「行政が歪《ゆが》め

られた」と思い込んで、政権に反撃の狼煙《のろし》を上げたのだろう。すべては彼の思い込み、妄想だ。それに野党とメディアが乗っかってしまった。

・加戸氏は安倍総理の指名で教育再生実行会議の委員を務めた。教育再生会議で総理に獣医学部新設が進んでいないことを知ってもらおうと、二回ほど話題にしたことがある。だが総理からの反応はまったくなかった。むしろ、まったく興味がない雰囲気を感じた。総理は濡れ衣を着せられている、と思っている。

・安倍内閣に対しては、特定秘密保護法反対、安保法制反対、テロ等準備罪反対と、反対の嵐だった。そこへ憲法改正まで加わって、安倍叩きがエスカレートしたところに加計問題が加わった。みんな「安倍叩きの材料に使えるぞ」と言って乗っかったのだろう。

付け加えれば、加戸氏は国会閉会中審査で、獣医学部を新設してくれる事業者を探していたとき「今治市選出の愛媛県議がたまたま加計学園の事務局長とお友達だった、と知った。私はそこに飛びついた」と証言している。だから「愛媛県と今治市にとっては、最初から加計ありきだった」と証言した。

加戸氏もまた「安倍総理が提案した憲法改正案に加計問題の遠因があった」と見ているのだ。

「報じないマスコミ問題」とは

加戸証言に出てくる国家戦略特区ワーキンググループ（WG）座長の八田達夫《はったたつお》氏も同じ『月刊Hanada』一〇月号に寄稿している。特区制度とは、そもそも何なのか。同じく編集部の許可を得て、特区申請を受け付けた側である八田氏の説明も紹介する。

・国家戦略特区は弱い事業者のためにある。ある業界に新規事業者が参入すると、既存事業者は競争せざるを得なくなるので不利益を受ける。そこで業界団体は監督官庁に圧力をかけて規制を手に入れる。一般に新規事業者には頼りになる政治家もいない。

・特区制度は規制する根拠の説明責任を規制官庁に負わせた。最終的には首相の前で説明しなければならず、非合理な説明では持ちこたえられなくなる。だから特区は弱い立場にいる人のための制度だ。

・既得権と戦うためには政治主導が必要だ。首相が最終決定するからこそ、各省の利権に対して戦って決められる。上が腰砕けになる可能性があれば、改革の請願など出てくるはずがない。

・ある一つの特区で認められた改革は自動的に他の特区にも適用される原則がある。この原則の下では、今治市だけに特権を与えるのは不可能だ。新しい獣医学部は京都でも新潟でも愛媛でも構わなかった。実際、私（注：八田氏）はどこが出してきたときも賛成している。
・二〇一七年一月の告示で獣医学部の新設は一区域一校のみに限定された。それは他ならぬ日本獣医師会が当時の特区担当大臣に要請したからだ。獣医師会会長が「我々が奔走《ほんそう》した」と会報誌にも書いている。安倍首相が「加計学園だけに利権を与えた」のではなく、獣医師会が結果的に「加計学園だけにさせた」のだ。この点も世間に知られていない。
・文科省は法律でなく告示によって新設の審査すら認めていなかった。この告示の根拠について文科省は何も説明していない。参入規制は政治力の強い獣医師会の利権を守るために文科省が作った規制だ。
・文科省は特区WGのヒアリングでも、告示の根拠を説得的に示せなかった。結局「既得権擁護のため」という以外に、門前払いを続ける必要性を説明できなかった。
・愛媛県と今治市は加計学園理事長の親友が首相になったから学部新設を申請したわけではない。過去一五回にわたって申請し続けていた。第一次安倍内閣の期間は申請していない。その後の福田内閣の二〇〇七年が初めてだった。
・規制改革は成長戦略である。たとえば、クロネコヤマトは運輸省を相手に路線延長を求めて戦った。最高裁まで争って勝った。それによって宅配便ビジネスが全国展開できた。だが個々の事業者が戦うには、膨大な時間とエネルギーを使う。安倍首相はこれを理解して、民と官の利権に立ち向かい、参入規制を打ち砕いて競争環境を作り出すために特区を作った。・前文科事務次官の前川氏は天下りを看過したために処分された人。筋金《すじがね》入りの岩盤規制の擁護者として、文科省利権が壊されたことに恨みを持っていてもおかしくない。『朝日新聞』は成長戦略の対極にいる前川氏に加担して、岩盤規制を守ろうとしている。規制側の業界は一連の朝日の報道を読んで大喜びしているだろう。

いま読み返しても、加戸・八田両氏の主張は説得力にあふれている。

多くの国民が騙されたのは、左派マスコミが両氏や原英史氏らの国会証言を無視し、ほとんど報じなかったからだ。左派マスコミはその後、安倍首相が解散を決断すると「モリカケ疑惑隠し」などと批判したが、まったくおかしい。真相を隠したのは自分たちではないか。まさに「お前が言うな」ではないか。

獣医師会が「加計学園だけにさせた」という点は、日本獣医師会会長が会報誌に寄せた文章を読めば、明らかである。それは二〇一七年一月三〇日付の「春夏秋冬」と題した、次の日本獣医師会の会長短信だった。

〈私や日本獣医師政治連盟の北村委員長を始めとした本会の役職員は、できれば獣医学部新設決定の撤回、これが不可能な場合でもせめて一校のみとするよう、山本幸三《やまもとこうぞう》地方創生担当大臣、松野博一《まつのひろかず》文部科学大臣、山本有二《やまもとゆうじ》農林水産大臣、麻生太郎自民党獣医師問題議員連盟会長、森英介《もりえいすけ》同議員連盟幹事長など多くの国会議員の先生方に、本会の考え方にご理解をいただくよう奔走いたしました〉

私は二〇一七年七月七日公開の『現代ビジネス』コラムで、この文章を紹介し、「加計だけにさせたのは獣医師会だ」と指摘した。文章はネットで公開されているから、マスコミの記者たちも「獣医師会」のキーワードでネットを検索すれば、だれでも読める。

読んでいた記者もいただろう。だが「総理が加計だけに決めた」というストーリーには都合の悪い文章だったので、報じられなかった。つまり真実を隠したのである。

たとえば国会中継をしていたNHKも、閉会中審査があった当日七月一〇日夜のニュースでは、加戸証言を報じていない。加戸氏は証言で「行政が歪められたのではなく、歪んでいた行政が正された」と語ったが、その部分も報じられなかった。

この「報じないマスコミ問題」は、やがてネットを通じて広まっていった。それが内閣支持率の回復につながっていく。中立、公正、客観報道を建て前にしてきたマスコミがなぜ異常に偏向したかについては、また第四章で触れよう。

防衛線を間違えた加計問題では

加戸氏が述べた「愛媛は加計ありき」だった、という点について検証する。意外に思われるかもしれないが、結論から言えば、私もその通り、この話は最初から「加計ありき」だった、と思っている。

だが「加計ありき」だったからといって、「加計で決まり」だったかといえば、そうではない。ここが肝心なポイントである。愛媛県と今治市が最初に想定した事業者が加計学園だったからといって、それで直ちに加計学園と決まるわけではない。後で他にも手を挙げる事業者がいたなら当然、そこも選考の対象になるからだ。

ところが、政府は初動の時点で、野党や左派マスコミから「加計ありきではないか」と追及されると、売り言葉に買い言葉のように「加計ありきではない」と否定してしまった。そこが間違いだった。

つまり、防衛線（ディフェンス・ライン）を間違えたのである。

愛媛県と今治市にとって、最初から「加計ありき」だったのは当然である。なぜなら、いくら県や市が獣医学部を誘致したいと言っても、実際に進出してくれる具体的な事業者候補がなかったら、なにも具体的な話にならないからだ。

政府に特区申請したところで「自治体がやりたいという意欲は分かったけれど、実際に来てくれる大学はあるのですか」と聞かれたら、どうするのか。政府がそう質問するのは、これまた当然である。具体的な事業者候補がいなかったら、特区を認めたところで実際の事業は何も動かない。特区政策が空回りするだけだ。

だから申請する側とすれば、そういう質問を想定して、あらかじめ具体的な事業者候補をポケットに忍ばせておく。そのために加戸氏が奔走した。国会で証言したように、たまたま愛媛県県議を通じて加計学園の事務局長にツテができたので、その線を頼った。そういう話だったのだ。

実際、政府の特区認定プロセスでも、加計学園は最初から事業者として水面下で関わっていた。松野博一文科相は二〇一七年七月二四日に開かれた国会閉会中審査で、国家戦略特区諮問会議が文科省告示を改める方針を決めた一六年一一月九日の前日、「事前相談」という形で加計学園側に懸念事項を文書で伝えたことを認めている。

なぜ、加計に相談したのか。政府は「獣医学部新設を求めている事業者は加計学園」と承知していたからにほかならない。なにも愛媛県や今治市は、事業者のアテもないのに申請していたわけではないのだ。

真の問題はなんだったか。「加計ありきだったかどうか」では、まったくない。そんな話は、私に言わせれば、枝葉末節というより、問題の本質を外している。

問題の核心は、この章の冒頭に書いたように「安倍首相が総理の座を利用して、学園に特別な便宜を図ったかどうか」である。加計学園を探し出してきたのは、加戸氏だった。そうであれば、政府は「加計学園が候補になったのは、当時の愛媛県知事が探してきたからだ。だからといって加計学園で決まりではない。別に候補が現れれば当然、そこも審査対象になる」と説明すべきだったのだ。

そこに「首相の特別な便宜」が入り込むスキはない。

なぜ、政府が「加計ありき」の言葉を否定してしまったかと言えば、それがあたかも「首相の特別な便宜供与」を連想させたからだろう。だが、本来「加計ありき」と「首相の特別な便宜供与」はまったく別の話である。

私は、以上の点を『現代ビジネス』や『四国新聞』の連載コラムで指摘した。読者からは「まったく明快」との評価をいただいた。読者だけではない。国家戦略特区WGの関係者、それに実は当の政府首脳も、「まったくその通りです。最初にボタンを掛け違えた。ディフェンス・ラインを間違えた」と認めたのである。

政府は首尾一貫した論理で動く

ただ、公平に言えば、関係者の一人は「私が政府首脳の側近として国会答弁を補佐していたとしても、直ちに答弁を修正できたかどうか自信はない」とも言った。なぜかといえば、加計問題が追及され始めたころは、多くの政府当局者が「こんなばかばかしい問題が大きな騒ぎになるはずがない」とタカをくくっていたからだ。

私自身もそうだ。最初は「こんな問題は官邸が否定すれば、終わり」と思っていた。私は安倍政権の規制改革推進会議（前身は規制改革会議）委員として規制改革に関わっている。その経験からしても、首相が個別案件にいちいち口を出すことなどあり得ないことは分かっていた。だから、問題を軽視した。

初期対応を間違えた背景には、憲法改正に対する野党や左派マスコミの危機感の強さを読み違えた面もある。いかに必死となって改憲に抵抗するか――それを野党や左派マスコミの側に立って考えてみるべきだった。安倍一強体制の驕《おご》りといえば、それまでだが、ここは政権にとって反省材料である。

また、この一件は権力を握る当事者に重要な問題を提起している。それは、政策を進めるには徹頭徹尾「首尾一貫した論理」が必要だ、という教訓である。獣医学部に限らず、既存の業界に参入しようとすれば、既得権益者たちから猛烈な抵抗に遭う。

抵抗を押し切って改革を推し進めるには、どんな段階でどういう立場の事業者が必要なのか、それはどこまで具体的であるべきなのか、それとも机上の想定でいいのか、そうした点を徹底的に詰めるべきだった。事前に徹底的に詰めておけば、後に何か問題が起きても原則に立ち返って考えることができる。そこが甘かったのだ。

言い換えれば、権力者が権力を維持する絶対法則の一つは「首尾一貫した論理」である。政策を説明するのに、首尾一貫した論理がなければ政策自体が破綻《はたん》してしまう。

権力を観察する立場で言えば、大方の問題では、政府は首尾一貫した論理で動いている。だから、先の展開を読もうとすれば、観察する側が政府の論理を理解して事態を眺めなければならない。

加計問題は、政府の論理にかすかな綻《ほころ》びが垣間見《かいまみ》えた珍しい例だった。こんな小さな綻びにまで気付くようになれば、「政権の明日」も見えるようになるだろう。

第三章　日本経済の実力を読む技術

経済政策での「権力者の絶対法則」

本章では前章で述べた国家戦略特区を突破口にして、安倍政権が推進する経済政策「アベノミクス」と日本経済の真の実力を解説する。まず国家戦略特区では、何を目指そうとしていたのか。

それは八田達夫氏の論文でよく説明されているが、安倍政権の経済政策をあらためて確認しておこう。目標はもちろん「安定した経済成長の実現」である。そのための手段の一つが国家戦略特区だ。よく言われるデフレ脱却も安定成長への前段階に過ぎない。

では、なぜ安定成長が必要なのか。この点は案外、しっかり説明されることが少ない。にもかかわらず、実は、この問題こそが、安倍政権と野党勢力を分かつ最大の違いでもある。

一言で言えば、政権は「安定成長」を目指している。ところが野党勢力はそうではなく、「格差是正《ぜせい》」を目指しているのだ。

普通の国民は経済政策に何を望んでいるか。それは安定成長である。そのうえで、結果として格差が是正できれば言うことはない、と思っている。国民のホンネに沿って考えるなら、経済政策における権力者の絶対法則は「まずは経済成長、次に格差是正」である。それは、なぜか。

この問題を考えるとき、経済学の教科書では、経済全体をパイにたとえる。ここでは、ピザにたとえよう。経済成長が先という立場は、ピザ自体を大きくするのが先決、と考える。一方、格差是正が先という立場は、ピザを公平に切り分けるほうが先決、と考える。

どちらを重要と考えるかは価値観の問題でもあるが、一般に主流派経済学は「ピザが大きくなれば、切り分ける部分も大きくなる」と考えるので、成長重視である。これに対して、格差是正派は「ピザが大きくなっても、切り分け部分が大きくならない」と考える。

成長重視派は「成長の恩恵は、やがて裕福な層から貧しい層にもしたたり落ちてくる（トリクルダウン）」と唱えるが、格差是正派は「トリクルダウンは嘘」と言う。これで野党が格差是正派であるのが分かるだろう。

私は成長重視が正しいと考えるが、経済学の理屈を説明するのは経済学者に任せよう。ここでは、普通の国民目線で考えてみる。

あなたは自分の暮らしが良くなるのを願っているか、それとも隣の人と同じようになりたいと思っているか、どちらだろうか。私は、多くの人は「自分の暮らしが良くなりたい」と願っている、と思う。それがホンネではないか。私自身もそうだ。

なぜかと言えば、だれしも現実の生活、社会の中で生きているからだ。「隣の人と同じようになりたい」と思ったところで突然、隣の人になれるわけではない。おそらく一〇年経っても無理だ。それは当然である。生まれも育ちも教育も家族構成も、もちろん仕事も違うからだ。いまの自分を前提にして、いまの暮らしがある。

そうであれば、まず自分の暮らしを良くしてもらいたい。結果として、隣人とそう違わない暮らしぶりになれば、それに越したことはない。そう考えるのが多数派ではないか。

安倍政権の成長重視路線が支持を集める理由の一つは、そんな国民のホンネに応《こた》えているからだ。国民はまず「自分の暮らしを良くしてもらいたい」と思っている。学生なら、卒業後に就職できるようにしてもらいたい。不幸にして失業している人たちは、就職口を増やしてもらいたい。それがホンネである。

それに対して、野党が訴える格差是正とは「隣の人の暮らしと同じようにします」という主張である。そう言われると国民は、「それができるなら文句はないが、まずはオレの職を見つけてくれ」とか、「まずはオレの給料を上げてくれ」と思うはずだ。「隣の人」と言われたって、急に転職するわけにはいかない。

経済政策について、権力者の絶対法則は「国民のホンネに寄り添う」ことである。誤解を恐れず、はっきり言えば、格差是正は頭でっかちのタテマエ理想論者が唱える理屈だ。しかも、経済政策としても間違っている。なぜかといえば、成長の源泉は民間の企業活動にあるからだ。働く人々の暮らしが平等になったところで、企業が元気になるわけではない。どのようにして企業を元気にするか――これが成長の根本問題である。

世界中が採用するアベノミクス

そのために安倍政権が掲げた政策が「アベノミクス」だった。そこで、アベノミクスをおさらいしたうえで、安倍政権が続いている、もう一つの秘密を明らかにする。

まず、アベノミクス、これは安倍首相の政策と思われているが、実はそうではない。安倍首相のオリジナルは「ネーミング」だけだ。

アベノミクスが三本の矢でできているのは、ご承知だろう。「大胆な金融政策」「機動的な財政政策」それに「民間投資を喚起する成長戦略」である。この三つは、各国が採用している「ごく普通の経済政策」である。べつに安倍政権だけが特殊でも異例でもなんでもない。

と言うより、どの国もこの三つ以外の経済政策はない。それは先進七ヵ国（G7）主脳会議や主要二〇ヵ国・地域（G20）首脳会議の声明を見れば、すぐ分かる。

どの声明にも「金融政策と財政政策、それに構造政策を果敢に発動して、経済回復を目指す……」などと書かれている。構造政策というのは、イコール成長戦略である。自由主義の市場経済体制を採っている国では、金融政策と財政政策、それに規制改革を通じた構造改革を進める以外に「政策手段」はない。

共産党が支配する中国のような国は別だ。あの国では、共産党が気に入らなければ、いつでも勝手に企業を潰すことができるし、逆に無限に支えることもできる。農民の田や畑だって勝手に政府が没収できる。規制改革などという、まどろっこしい手段を採る必要はない。政府がこうしたいと思えば、紙切れ一枚で実行できるのだ。

では、三つの政策手段のうち、金融政策と財政政策だけで経済成長を達成できるか。答えは、「できない」。

世の中には「金融緩和と財政出動さえすれば、成長できるという安倍政権は間違いだ」と批判する論者がいる。そういう批判に悪乗りして、記事を書いたり解説する左派マスコミもある。それは批判の前提自体が間違いである。

断言するが、安倍政権に「金融緩和と財政出動で成長が実現する」などと考えている政策担当者は一人もいない。金融政策と財政政策でできるのは、せいぜい経済の下支えに過ぎないからだ。

日本は長い間、デフレに悩まされてきた。デフレの下では、企業は収益が減って成長できない。たとえ収益が減っても、企業は収益減に合わせて賃金を減らせない。だから経営が苦しくなる。そこで、まず金融緩和によるデフレ脱却を目指した。財政政策もそれを後押しした。

　その結果、目標の消費者物価上昇率二%はまだ達成できていないが、失業率は二〇一八年五月現在、二・二%まで下がった。ほぼ完全雇用状態と言っていい。民主党政権の後を引き継いだ第二次安倍政権がスタートした二〇一二年一二月は四・三%だ。いまの人手不足が続けば、企業は働き手を確保するために、いよいよ賃金を上げざるを得ない。そうなれば、完全にデフレを脱却できる。

　企業倒産も、二〇一二年の年間一万二一二四件から、一七年は八四〇五件まで減った（東京商工リサーチ調べ）。金融緩和と財政出動で経済を下支えした結果、ようやく次の安定成長を展望できるところまでこぎつけたのだ。

既得権を守るための労組の仕掛け

　では、この先の安定成長も金融と財政に頼って実現するのかといえば、そうではない。そこで成長戦略の出番になる。成長戦略とはなにかといえば構造改革、もっと具体的に言えば、規制改革である。

　規制改革の目的は、成長の源泉である企業が自由闊達《かったつ》に事業活動を展開できるようにすることだ。「いまでも企業は自由に活動しているではないか」と思われるかもしれないが、日本には企業が自由に活動できない分野が残っている。

たとえば、農業や介護施設、保育所のような分野が典型的だ。農業に企業が参入しようとしても、資本や役員構成など規制があり、完全に自由には参入できない。介護施設や保育所もつい最近まで、経営母体を社会福祉法人に制限していた自治体が多かった。

そういう規制をできる限り取り払って、やる気のある企業の参入を促す。それが規制改革、成長戦略、構造政策の核心である。繰り返すが、自由な企業活動こそが経済成長の源泉なのだ。日本銀行や政府が金融・財政政策を動かしただけで、安定成長が達成できるわけではまったくない。

その意味でアベノミクスの三本の矢という政策は、安倍政権が終わってしまっても、日本が自由主義と市場経済を維持する限り、続ける以外にない。成長を目指すなら、他に経済政策はないからだ。

三本の矢をやめてしまったら、たとえばデフレを完全に脱却していない段階で金融緩和を止めてしまったら、日本は確実にデフレに舞い戻ってしまう。同じように、デフレを脱却していない段階で消費増税を断行し、財政政策を引き締めに転換してしまったら、デフレに戻って景気回復は止まってしまう。

そして規制改革を止めれば、企業が自由に事業を展開できない分野が残るだけでなく、規制分野に既得権益を持つ既存企業と官僚が喜ぶことになる。民進党はモリカケ問題に乗じて二〇一七年六月、国家戦略特区の廃止法案を出した。これは、けっして偶然ではない。労働組合の支援を受けた彼らは、原理的に規制改革や構造改革に反対するのだ。なぜなら、労組は「いま、そこにある企業」あっての労組であるからだ。新しい企業の市場参入を許した結果、企業競争が激しくなり、自分の会社が潰れてしまったら元も子もない。だから、規制改革には本能的に反対する。

だが「改革反対」とは表立って言いにくいので、「私たちは働く者の味方、働く者が不利になる改革には反対」などと言っている。ホンネは、企業競争が激しくなるような改革には絶対反対である。これは、実は役所の労働組合も同じである。どんな労働組合も改革には反対する。自分の仕事がなくなるのを恐れるからだ。

彼らにとっては、「企業競争によって経済全体が活性化し、日本経済の生産性が高まっていく」などという話はどうでもいい。自分の職が守られてさえいれば、それでいい。そんな労組を支持母体とする民進党は、隙《すき》あらばアベノミクスの規制改革を潰してやろうと狙っていた。だからモリカケ問題に乗じて、特区廃止法案を出したのである。

消費税再増税でデフレに逆戻り

さて、以上を踏まえたうえで安倍政権の経済政策の秘密に迫ろう。

その前提は、第一章で触れた「できないことはやらない、できることだけやる」という姿勢である。これ自体が、極めて重要な「権力者の絶対法則」である。この応用問題として、経済政策ではどう具体化しているか。分かりやすい例は消費税増税問題だ。

ご承知のように、安倍政権は二〇一四年四月に消費税を五％から八％に引き上げた後、二度にわたって一〇％への増税を延期した。一回目の延期を決めたのは一四年一一月だ。このとき、本来なら一五年一〇月に一〇％に引き上げる予定だったが、一年半の先送り、つまり一七年四月までの延期を表明した。二回目の延期表明は一六年六月。一七年四月の引き上げ予定をさらに二年半、つまり一九年一〇月まで再延期した。

安倍首相は、なぜ国民に約束したはずの消費税を、二度にわたって延期したのか。理由は簡単だ。景気が思うように回復していなかったからである。

一回目の延期は第一章で触れたように、二〇一四年一一月に発表された国内総生産（GDP）の七～九月期の速報値が判断の決め手になった。速報値は、市場の予想を大きく下回る前期比マイナス一・六％（年率換算）にとどまった。マイナス成長は2四半期連続だった。2四半期連続のマイナス成長は通常、景気後退と定義されている。

決定の前には、首相の経済政策ブレーンはもとより、四〇人以上の有識者を首相官邸に招いて意見を聞いた。多くの有識者たちは「約束通り増税しなかったら、日本の信認が失われる」などと言って増税断行を求め、マスコミも増税すべしと唱えたが、安倍首相は結局、延期を決断した。

有識者やマスコミの言い分に従っていたら、いまごろ日本はまたデフレに逆戻りして、不況にあえいでいただろう。大学新卒者の就職も落ち込んだに違いない。二度目の延期も同じ理由だ。ようするに、景気が本格的に回復していないのに、増税などできない。「できないことはやらない」――それに尽きる。

財務省を敵に回さぬため首相は

では、なぜ二〇一七年一〇月の総選挙で、安倍首相は「消費税の使途を変更する。リーマンショックのようなことがなければ増税する」と言ったのか。それには話を正確に読み解く必要がある。首相は「使途を変更する」と言ったのであって「必ず増税する」と言ったわけではない。増税は「リーマンショックのような大変動がなければ」という前提付きだ。

私は大変動があればもちろんのこと、大変動がなかったとしても、安倍首相が増税を再々延期、つまり三回目の延期をする可能性がある、と見ている。そもそも二度目の延期だって、リーマンショックのような大変動があったわけではない。安倍首相は「新しい判断」と言って再延期した。背景には消費低迷があった。

安倍首相は二〇一八年一〇月、あらためて一九年一〇月に予定通り消費税を一〇%に引き上げる方針を表明した。好調な景気が続けば、増税は実施されるだろう。ただし、本当に増税するかどうかは、これまで同様、その直前の景気次第だ。米中貿易戦争が勃発《ぼっぱつ》し、新興国通貨が急落する中、世界経済の先行きはにわかに不透明になってきた。三回目の増税延期も可能性としては捨てきれない。

では安倍首相は、なぜ「次は必ず増税する」かのような説明を繰り返しているのだろうか。ここが権力の秘密である。それは、財務省を敵に回さないためなのだ。

普通の人は理解しにくいだろうが、財務省は霞が関の中でも特別な権力を握っている最強の役所なのだ。たとえば、外局である国税庁は何ができるか。彼らは徴税権を握っている。国民や企業に納税させるために、彼らは国民や企業の懐具合を強制的に調べる権限を持っている。いざとなれば、検察と連携して脱税で逮捕もできる。彼らは「国税庁」と名乗っているが、実態は「経済警察」である。

一方、彼らは集めた税金を予算という形で国民や企業にばらまく権限も握っている。この徴税権と予算編成権を武器に、国民や企業はもちろん、国会議員も黙らせることができる。地元に補助金が欲しい国会議員には予算配分でアメ玉をしゃぶらせる一方、財務省に敵対する議員には、徴税権で国税調査というムチを振るうこともできるのだ。

マスコミはもっと簡単だ。彼らには「特ダネ」というアメ玉を与えればいい。たとえば「いま、私たちはこんな政策を考えている。あなただけに教えてあげる」と言えば、記者たちは飛び上がって大喜びする。

そして特ダネをもらった記者は財務省の応援団になっていく。特ダネとは、財務官僚にとって、記者を飼いならすためのエサに過ぎない。記者とは、特ダネというエサをもらいたくて財務官僚を尻尾を振って追い回す、ポチのような存在なのだ。そんな記者たちが書く「日本の財政が大変だ」話は、まったくデタラメと言って差し支えない。

日本の借金は実は七分の一以下

財政赤字のデタラメ話についても説明しておきたい。

よく「日本は一〇〇〇兆円の赤字を抱えて大変だ」という話を聞くことがあるだろう。その中身はどうなっているか。財務省が作成している国の貸借対照表（バランスシート）によれば、二〇一六年度末で国の負債は一二二一兆円だ。負債の中で一番大きいのは国債で九四三兆円を占めている。これが「財政赤字一〇〇〇兆円話」の正体である。

ところが、バランスシートの反対側には資産があって、こちらは六七二兆円に上っている。資産と負債を差し引きすると、正味《しょうみ》の負債は五四九兆円。これだけで半分に減ってしまう。

このバランスシートには、政府の子会社である日銀が連結されていないという事情もある。日銀（資本金一億円）に出資している政府の持ち分は五五％だから、日銀は政府の子会社と見ていい。国の金融政策を遂行しているのは日銀なので、経済政策上も政府と日銀は一体だ。経済学では、政府と日銀を一体として「統合政府」と呼び、重要な分析対象にしている。

そんな日銀を政府のバランスシートに加え、連結決算するとどうなるか。日銀のバランスシートでは、同じく二〇一六年度末で資産が四九〇兆円、うち国債は四一七兆円だ。負債は四八六兆円だが、なかで大きいのは日銀券の九九兆円と預金の三五六兆円である。

そこで政府と日銀を一体化すると、どうなるか。政府の正味負債である五四九兆円から日銀保有資産のうち国債四一七兆円を相殺《そうさい》できるから、負債は結局、わずか一三二兆円になってしまうのだ。つまり日本国の借金は一〇〇〇兆円どころか、実態は七分の一以下に過ぎない。

日本は借金まみれどころか、健全経営そのもので、財政赤字問題はほとんど解決したも同然と言っていい状態だ。だからこそ、財務省やマスコミがいくら「財政が破綻する」と言って脅《おど》しても、金融市場では金利が暴騰するどころか、超低金利が続いている。

それもそのはずである。政府が発行した国債は日銀が買い上げてしまうので、市場にはほとんど国債が出回らない。だから国債が市場に出回れば、銀行などが我先に、と買ってしまう。それで国債の値段が高止まりし、その裏返しで、国債の利回り、イコール長期金利は、超低金利が続いている。株価が高いのも、超低金利が追い風になっているせいだ。

これに対して、連結決算でも「日銀には日銀券と預金の負債四五五兆円が残るじゃないか。それは心配ないのか」という懸念があるかもしれない。だが、それはまったく心配無用だ。なぜかといえば、日銀券も預金の大部分を占める日銀当座預金も、無利子・無期限の借金であるからだ。無利子・無期限の借金とは、平たく言えば、返す必要がない借金である。

以上は髙橋洋一氏が早い段階から指摘してきた。一言で言えば、現状で何も問題はない。将来、デフレを脱却して物価上昇率が目標の二％を超えてインフレになりかかったときに、少しずつ保有国債を売り払い、金融を引き締めて（つまり金融市場から日銀券を回収して）いけばいいだけだ。

国際通貨基金（ＩＭＦ）は二〇一八年一〇月に各国の財政状況を調べた報告をまとめたが、そこでも日本の政府と自治体や日銀など公的部門の純負債はゼロという結果になっている。

こんな理屈は少し経済学と経済政策を勉強すれば、すぐ分かる話なのだが、経済記者たちは自分で勉強せず、なんでも財務省と日銀にブリーフしてもらおうとする。だから、結果として財務省に都合がいい「ポチ記事」ばかりがまかり通っている。

最強権力組織と首相が戦ったとき

本題に戻る。

以上の説明で財務省がいかに力を持っているか、ご理解いただけただろう。彼らは経済産業省とか国土交通省とか、まして文部科学省などとは、まるで違う。国民も企業も国会議員もマスコミも、みんな支配下に置こうと思えばできる、日本の最強官庁なのだ。それは日本の「最強権力組織」と言っても過言ではない。

そんな最強官庁が目指す消費税増税を延期しようとすれば、いくら安倍政権でも猛烈な抵抗に遭うのは目に見えている。だからこそ、そんな財務省と無用のバトルを避けるため、安倍首相は「次は増税します」と言い続けているのだ。

いまから「次も増税しません」などと言ってしまえば、大反抗に遭って、下手をすれば政権が潰されかねない。無用な戦いはギリギリまで避けて、最後の最後にうっちゃりをかます。そういう作戦が、これまで二度の延期で見事に成功した。

三回目も同じである。最初から増税延期などと言う必要はまったくない。そんなことを言えば、最強官庁の財務省を敵に回すだけだ。本当に増税するかどうかの判断は、あくまで直前の経済情勢を見て決めればいい。安倍首相はそう考えているのだ。

ここから、もう一つの「権力者の絶対法則」が導かれる。「平時に無用な戦いはしない。強い相手と戦うときは、最後の瞬間に仕掛ける」である。

これは一般社会でも同じだろう。強い相手と戦うときは、むやみに刀をふるえばいいわけではない。ギリギリまでチャンスを待って一挙に勝負に出る。それが必勝法だ。

そんな「絶対法則」を堅持している安倍政権に立ち向かう野党や左派系マスコミは、はたして「勝利の法則」を持っているのだろうか。それを次章で検証していく。

第四章　野党と左派マスコミの行動原理を読む技術

政権交代の鍵を握るのは共産党

安倍政権を批判する勢力は野党と左派マスコミだ。なかでも左派マスコミは、めっきり衰えた野党以上に力を持っている、と言っても過言ではない。彼らは「言論の自由」「報道の自由」を錦《にしき》の御旗《みはた》にして、客観中立や公平性といった建て前をかなぐり捨てて、政権批判に血道《ちみち》を上げている。

私が新聞記者になった四〇年以上前は、これほど偏向してはいなかった。どの社も曲がりなりにも公平性を保とうとしていたように思う。いったい、なぜ一部マスコミは、左に偏向してしまったのだろうか。私は、根本的な理由は「野党が弱くなってしまったからだ」と見ている。

すでに見てきたように、かつて政権を握った民主党は民進党に変わり、民進党は解体されてしまった。その過程で立憲民主党（立憲）が生まれた。希望（旧）は当初、人気を博したが、あっという間に瓦解《がかい》し、民進党の一部と一緒になって、国民民主党（国民）になった。

だが、野党の支持率はといえば、第一章で見たように、全部合わせても、せいぜい一〇％程度に過ぎない。これでは、とても政権交代は望めない。そんな現実を前にして「オレたちが政権を打倒するしかない」と思い込んだのが、左派マスコミである。それが、彼らの偏向が加速した根本原因だ。

官房長官会見で有名になった『東京新聞』の女性記者は、まさに「私が官房長官に問い続けるしかない」と思い込んでいる。それは報道するためというより、政権を打倒するためなのだ。

そうであるとすれば、左派マスコミの偏向は、安倍政権が続く限り、そして野党に政権交代の可能性が出てこない限り、続くだろう。これを裏返せば、もしも奇跡が起きて、野党に政権交代の可能性が出てくれれば、偏向も少しは収まるかもしれない。与野党の勢力が伯仲して、どっちに政権が転ぶか分からないような状況では、マスコミは公正中立の建て前に縛られざるを得なくなるからだ。

だが、現在のように圧倒的に与党優勢の状況では、「いくら政権与党を批判しても大丈夫。それがオレの生きる道だ」と、自分の歌に酔い続けるのだ。

そこでここでは、どうすれば政権交代が起きるか、野党の指導者になり代わって頭の体操をしてみる。野党にとっての「絶対法則」だ。それは「この条件を満たさない限り、日本に本格的な政権交代は起きない」という逆説のロジックを考えることでもある。

結論を先に言えば、私は「共産党がいまの共産党である限り、政権交代は起きない」と考えている。政権交代の鍵を握っているのは、立憲や国民といった旧民主党系の野党ではない。実は共産党（共産）である。

共産は憲法九条の改正反対はもとより、日米安保条約の破棄と自衛隊の解消を主張している。皇室もホンネでは反対だ。そんな野党は共産しかない。共産が現状のまま、政策面で孤立を保つかどうかが、明日の野党勢力を左右する。

たとえば、二〇一七年一〇月衆院選の党派別得票数はどうなっていたか。自民党は小選挙区で二六五〇万票を獲得した。得票率にして全体の四七・八％だ。これに対して、立憲は四七二万票（得票率八・五％）、共産は四九九万票（同九・〇％）である。希望は一一四三万票（同二〇・六％）だった。

立憲と希望を加えても、一六一五万票にしかならない。これに共産を加えて、二一一四万票である。それでも自民に届かないのだ。共産は立憲の結党を受けて、六七選挙区で自ら候補者を取り下げた。それが立憲の躍進につながった。もし共産が独自候補を立てていたら、立憲の得票数はずっと減っていたはずだ。つまり立憲の得票はかさ上げされている。

比例代表はどうだったか。自民の一八五五万票（同三三・二％）に対して、希望は九六七万票（同一七・三％）、立憲は一一〇八万票（同一九・八％）だ。希望と立憲を合わせれば二〇七五万票になって、自民を追い抜く。さらに共産の四四〇万票（同七・九％）を加えれば、野党三党で計二五一五万票となり、自民を圧倒する。

とはいえ、自民と連立政権を組む公明は比例代表で六九七万票（同一二・五％）を獲得している。自民と公明の合計は二五五二万票となり、希望、立憲、共産の野党三党の二五一五万票とほぼ拮抗《きっこう》する。言い換えれば、自民・公明の連立政権に勝利しようと思えば、野党は共産を仲間に加えないと、いい勝負にならない。鍵を握っているのは立憲ではない。実は共産なのである。

野党連合政権を阻む最大の要因は

そんな希望、立憲、共産が、単なる選挙協力ではなく、一緒に政権を目指して戦えるかどうか。そして政権奪取後は連立を組めるかどうか。それが野党勢力全体の命運を握っている。いま、そんな「野党政権」を現実的に構想できるかといえば、できない。先に見たように、安全保障政策の根幹が違っているからだ。

逆に言えば、共産が安保政策を根本的に見直して、日米安保条約も容認、自衛隊も容認するような現実路線に転換すれば、初めて政権交代と野党政権が現実味を帯びてくる。ついでに、党名も「日本労働党」にでも変更すれば、もっといいだろう。

共産がそんな政策の大転換を図るなら、他の野党は、共産を加えた連立政権構想に大きな抵抗がなくなる。共産が日本労働党に生まれ変わり、日米安保も自衛隊も容認する。はたして、そんな日はやってくるのだろうか。

私が司会を務めていたテレビ番組『ニュース女子』で野党をめぐる議論をしたとき、出演した元日本共産党ナンバー4の筆坂秀世《ふでさかひでよ》氏は、「志位和夫《しいかずお》委員長の時代に大転換はない。だが、小池晃《こいけあきら》氏が委員長になったら可能性があるかもしれない」と語っていた。

共産党の内側を知り尽くした筆坂氏がそう言うのだから、あるいは可能性はあるのかもしれない。そうだとすれば、安倍政権打倒を目指す人たちは、まず無理と分かっていても、共産に大胆な変身を求めたらどうか。共産が変身すれば、野党勢力が一体化し、結果として政権交代の可能性が出てくるのだ。

これを裏返して言えば、安倍政権を応援する人々は、共産が間違っても大変身してしまわないように、ときどきは共産を応援したほうがいい（笑）。共産がいまの路線で頑張ってくれればくれるほど、野党一体化が遠のき、結果的に自民党政権が続くことになるのだ。

安倍政権の応援団も、反対する野党勢力も、この逆説的なロジックを理解できるかどうか、それが政権交代の鍵を握っている。

以上は「冗談」のように聞こえるかもしれないが、私は大真面目《おおまじめ》である。

そもそも先進国に、日本共産党のように「軍隊はいらない」などと考えている政党はない。「非武装中立」のような政策は「世界はみんな平和共存を願っている」かのように考える「お花畑思考」である。現実は脅威に満ちている。中国が日本の尖閣《せんかく》諸島に領土的野心を抱き、北朝鮮も米朝交渉を始めたものの、核とミサイルの廃棄を先送りしようとしているのは、明らかではないか（その点は後で詳しく見ていく）。

そんな日本が、もしも共産党が言うように日米安保条約を破棄したら、どうなるか。日本は自衛隊解消どころか、逆に大軍事国家を目指さざるを得なくなる。独自で国を防衛せざるを得なくなるからだ。分かりやすい例はスイスである。

永世中立国のスイスは日本の「お花畑論者」に人気がある。「日本もスイスのように中立国を目指すべきだ」という主張はどことなく響きがいい。だが、実際のスイスはどうかといえば、独自の軍事力強化と徴兵制によって自国を防衛している。

政府は各家庭に自動小銃や手榴弾といった武器を配布し、いざとなれば、国民はそれを手にして戦う。周囲を山と断崖絶壁に囲まれた地形を生かし、トンネルの出入り口には事前に爆薬を仕掛けてある。いざ攻められたとき爆破してトンネルを塞ぎ、他国軍隊の侵入を防ぐためだ。

さらに、彼らには「いざとなれば、自ら国を焼き尽くして敵に戦利品を渡さない焦土作戦も辞さず」というド根性もある。はたして日本にスイスのような覚悟があるか。「日本人は自ら京都や奈良を焼き尽くしても、戦う覚悟はあるか」という話である。

私は「ない」と確信している。それは一九四五年の終戦時、多くの日本人が昭和天皇のご聖断を聞いて「ああ、これで戦争は終わった」と涙した経験で明らかだ。最初は悔し涙だったかもしれないが、やがて家族が再会し、安堵の涙に変わったのである。

だが、共産を支持する多くの人々は、そのように考えない。日本は中立を目指し、自衛隊も最小限でいいと考える。実際は、日米同盟を破棄すれば、彼らが猛反対する徴兵制さえ、スイスのように真面目に考えざるを得なくなるかもしれないのだ。

そういう政党の支持者が少なくても数%、多いときは十数%もいるという事実が、日本の野党連合政権の誕生を阻んでいる最大の理由である。

国民の素朴な感情で躍進した立憲

では、立憲民主党はどうか。

いま野党で人気があるのは、何と言っても立憲である。では、共産の変身問題をいったん棚上げしたとして、立憲が政権を握る日は来るだろうか。私は「来ない」と断言する。なぜか。彼らはそもそも「原理的に政権を握るための政党ではない」からだ。「野党であることが党の存在理由そのもの」なのである。どういうことか。

まず、立憲はどうしてできたか。簡単に振り返れば、民進の前原誠司《まえはらせいじ》代表（当時）が二〇一七年九月二八日の民進・両院議員総会で、「(政権交代の)大きなプラットフォームを我々自身が作る……みんなで一緒に行動したい」と、事実上の解党を言い出したのがきっかけだった。

このとき、私は「議員総会は大荒れだろう。決着するかどうか」と思った。実際、どうなったかと言えば、記者団を締め出して議論した後、すんなり希望への集団移転を承認してしまった。現・立憲民主党代表の枝野幸夫氏を含め、明確に反対した議員はいなかった。

ところが「移転交渉」を始めてみたら、希望の小池百合子代表が憲法改正や安全保障法制に賛成できない人は「排除する」と明言し、民進左派は移れないことがはっきりしてしまう。それで枝野氏が急遽《きゅうきょ》、立憲を立ち上げた。それが結党の経緯である。

多くの人々は判官びいきもあって、絶体絶命の枝野氏に声援を送った。石原慎太郎《いしはらしんたろう》・元東京都知事は、枝野氏を「本物の男に見える」とまで絶賛した。それが選挙で「エダノン・コール」になる。

枝野氏は、憲法改正と安保法制容認の小池氏と一緒にやれると思っていたのだろうか。枝野氏が改憲反対であるなら、議員総会の時点で集団移籍反対を唱えていなければおかしい。すぐ後で述べるように、憲法に対する枝野氏のスタンスは近年、一八〇度変わっている。いったい、いつどのように変わったのだろうか。

もしかしたら枝野氏は、希望立ち上げ騒動のとき、「この際、改憲容認に転じてもいい」と思っていたかもしれない。だが、思いがけなく自分が排除されてしまったので、思い切って左に急ハンドルを切り、新党を立ち上げざるを得なくなった。そうしたら、意外にも大きな拍手が巻き起こった。そんな話だったのではないか。そう考える理由はすぐ後で書く。

共産が六七選挙区で独自候補の擁立を見送ったのは立憲に幸いした。投票先がなくなった野党支持層の票を集めたからだ。

きっかけになった小池氏の「排除発言」について、私は理念や政策が異なる政治家を排除するのは当然、と思う。だが、それで小池氏は「悪役」になり、枝野氏は「善玉」になった。最初に断崖絶壁に追いつめられたのは枝野氏の側だった。大衆はそんな立場に共感する。政治はしばしば国民の素朴な感情で動く。このときは、その典型でもあった。

憲法九条改正に賛成だった枝野氏

私が立憲に違和感を抱くのは、なにより枝野氏と立憲の憲法改正に対する姿勢である。立憲のホームページには、衆院選で掲げた政策が五項目にまとめられている。憲法については「専守防衛を逸脱し、立憲主義を破壊する、安保法制を前提とした憲法9条の改悪とは、徹底的に闘います」と記している。この文章を素直に読めば、多くの人は「立憲民主党は憲法改正、とりわけ九条改正に反対」と理解するだろう。
ところが実は、枝野氏はかつて九条改正に賛成の立場を表明している。それは『文藝春秋』二〇一三年一〇月号に寄稿した「改憲私案発表　憲法九条　私ならこう変える」という論文に示されている。その中で枝野氏は、九条の一項（戦争放棄）と二項（戦力不保持と交戦権の否定）は変えずに、九条の二（一～四項）と三（一～三項）を新たに追加する案を提案している。ネットでは読めないので、ここで枝野私案の全文を紹介しよう。

〈九条の二

一項　我が国に対して急迫不正の武力攻撃がなされ、これを排除するために他に適当な手段がない場合においては、必要最小限の範囲において、我が国単独で、あるいは国際法規に基づき我が国の平和と独立並びに国及び国民の安全を守るために行動する他国と共同して、自衛権を行使することができる。

二項　国際法規に基づき我が国の安全を守るために行動している他国の部隊に対して、急迫不正の武力攻撃がなされ、これを排除するために他に適当な手段がなく、かつ、我が国の平和と独立並びに国及び国民の安全に影響を及ぼすおそれがある場合においては、必要最小限の範囲で、当該他国と共同して、自衛権を行使することができる。

三項　内閣総理大臣は、前二項の自衛権に基づく実力行使のための組織の最高指揮官として、これを統括する。

四項　前項の組織の活動については、事前に、又は特に緊急を要する場合には事後直ちに、国会の承認を得なければならない。

九条の三

一項　我が国が加盟する普遍的国際機関（注：現状では国連のこと）によって実施され又は要請される国際的な平和及び安全の維持に必要な活動については、その正当かつ明確な意思決定に従い、かつ、国際法規に基づいて行われる場合に限り、これに参加し又は協力することができる。

二項　前項により、我が国が加盟する普遍的国際機関の要請を受けて国際的な平和及び安全の維持に必要な活動に協力する場合（注：多国籍軍やＰＫＯ等、国連軍創設以外の場合）においては、その活動に対して急迫不正の武力攻撃がなされたときに限り、前条第一項及び第二項の例により、その武力攻撃を排除するため必要最小限の自衛措置をとることができる。

三項　第一項の活動への参加及び協力を実施するための組織については、前条第三項及び第四項の例による。

（＊注記も枝野氏による）〉

九条の二の一項は「個別的自衛権の行使」を明文化した内容になっている。ただし、その場合も「他国と共同して、自衛権を行使」とあるので、集団的自衛権の行使と受け取れる内容を含んでいる。九条の二の二項は「他国の部隊」に対する攻撃を「当該他国と共同して、自衛権を行使」とあるので、こちらはまぎれもなく「集団的自衛権の行使」を容認している。

枝野氏は論文で「どうしたケースであれば、実際に集団的自衛権の行使を可能とする必要があるのか」と自問したうえで、「公海上で自衛艦と共同行動中の米艦船が攻撃された際の反撃」ケースを挙げている。

その場合、日本は「常識的には助けるべきでしょう……」としたうえで、その支援行為を「集団的自衛権行使の一部容認と説明するのか、個別的自衛権として許されるギリギリの限界として説明するのか。説明の方法が異なるだけで大きな差はない」と書いている。

つまり、一部であれ、明確に集団的自衛権を容認しているのだ。

九条の三は「多国籍軍や国連ＰＫＯなどに対する自衛隊の参加容認」である。自衛隊そのものについては、九条の二の三項として「自衛権に基づく実力行使のための組織」という表現で明文化するよう提案していた。

権力奪取のために憲法を使う立憲

ちなみに、安倍首相が二〇一七年五月三日に提案した改憲案は、自衛隊の明文化だけを新たに付け加える案だった。それに比べれば、個別的及び集団的自衛権を容認し、自衛隊の多国籍軍への参加も認めた枝野私案は、はるかに過激な内容といえる。

以上の改憲案を示したうえで、枝野氏はこう書いている。

〈〇九年には政権交代もありましたが、憲法問題より優先度の高い問題に集中せざるを得ませんでした。それ以降、残念なことに、憲法をめぐっては極論のぶつかり合いばかりが続いているのです。今こそそうした議論に終止符を打たなければいけません。そこで私は、この「憲法九条　第三の道」を提案します〉

枝野氏は九条改正に反対どころか、まさしく真正面から九条改正を唱えた改憲論者だったのだ。にもかかわらず、二〇一七年の衆院選では「安保法制を前提とした憲法九条の改悪に反対」と主張している。いったい、どうなっているのだろうか。

言うまでもなく、憲法は法律よりも上位の法規範である。憲法は国の根幹を定める規範として、あくまで「国の平和と繁栄、そして民主的統治にとって、最高規範はどうあるべきか」という観点から検討される対象だ。百歩譲って、安保法制が現行憲法に違反する部分があったとしても、それと改憲は別である。最上位の規範である憲法を改正した後で、なお問題があるなら、下位規範の法律も改正すればいい。

枝野氏は一方で「いまこそ現行憲法を改正すべきだ」と唱えながら、他方で「安保法制に問題があるから憲法改悪に反対」という。それはマイホームにたとえれば、基礎が傾いているのを認めながら「部屋の形がおかしいから、家の建て替えには反対」というようなものだ。尻尾が犬を振るような議論と言ってもいいだろう。

なぜ、こんな議論を展開するのかといえば、枝野氏と立憲にとっては「安倍政権に反対する」のが最重要課題であるからだろう。結局のところ、彼らにとって「安倍政権打倒」が最優先事項なのである。

枝野氏は民進時代から、安倍政権が成立させた安保法制に猛反対してきた。立憲になったからといって、そんな過去を簡単に断ち切れない。それで安保法制には引き続き反対する。改憲について、二〇一三年当時は賛成を表明したが、いま改憲賛成などと言えば、民進時代の言い分と辻褄《つじつま》が合わなくなってしまう。しかも希望と同じになってしまう。

そこで、苦肉の策で「安保法制を前提とした改憲に反対」などと、分かりにくい主張を唱えだした。私はそう見ている。

憲法改正のような国の基本を決める重要案件でさえも、政権打倒のためなら簡単に態度を翻《ひるがえ》す。こういう変節を目《ま》の当たりにすると、私はあらためて「彼らの信念はその程度なのか」と判断せざるを得ない。権力奪取のためなら、国家のあり方など二の次、三の次、どうでもいいと思っているかのようだ。これが彼らを信用できない理由の一点目である。

立憲が権力と戦う人々である限り

そのうえで、もっと本質的な問題がある。それは党の原点である「立憲主義」についてである。彼らはホームページで「立憲主義」を次のように説明している。

〈立憲主義とは、政治権力が独裁化され、一部の人たちが恣意的に支配することを、憲法や法律などによって、抑制しようとする立場です。立憲民主党とは、日本に立憲主義を回復させ、互いの違いを認め合い、ともに支え合う社会を実現する政党です〉

こうした立憲主義の理解は正しいのだろうか。左翼や左に傾いた憲法学者の間では「憲法や法律で権力を抑制する仕組みを立憲主義」とする理解が主流のようだ。だからといって、それが正しく、唯一絶対の理解とは限らない。

たとえば、東京外国語大学の篠田英朗《しのだひであき》教授は別の解釈を採っている。彼によれば〈人民と政府の間の関係を規定し、国の根本的な仕組みを定めた「信託」契約を、人民も政府もともに根本原則として遵守する。そのような基本的な仕組みの遵守を根本規範と考えるのが、「立憲主義」〉（『ほんとうの憲法―戦後日本憲法学批判』ちくま新書、二〇一七年）と説明している。

篠田教授は、こうした考え方を前提にした著書『集団的自衛権の思想史』（風行社、二〇一六年）で、「集団的自衛権を違憲」と断じた東大法学部系を主流とする日本の憲法学者たちを鋭く批判した。同書は読売・吉野作造《よしのさくぞう》賞を受賞した。

篠田教授が指摘する「人民と政府の信託契約を根本規範と考えるのが立憲主義」という考え方は、次の憲法前文に依拠している。

〈そもそも国政は、国民の厳粛な信託によるものであつて、その権威は国民に由来し、その権力は国民の代表者がこれを行使し、その福利は国民がこれを享受《きょうじゅ》する。これは人類普遍

の原理であり、この憲法は、かかる原理に基くものである〉

私は憲法の専門家ではないが、普通の国語読解力はある。この前文を素直に読めば、「国政は国民の信託契約による。そこで権力は国民の代表者が行使し、福利は国民が享受する。これが憲法の原理だ」と理解する。それ以上でも以下でもない、至極《しごく》当たり前の話と思う。

ここから「権力を抑制するのが立憲主義」などと読み込むのはどうなのか。解釈の行き過ぎで、あえて「権力を敵視する偏った解釈」なのではないか。そういう解釈は戦後の左翼にピッタリだったのだろう。彼らは常に「権力と戦う」ことを使命と心得ていたからだ。それで「権力抑制が立憲主義」という解釈が左翼と左傾斜の憲法学者に広まった。

憲法は「権力を制限するもの」という彼ら流の立憲主義を持ち出せば、憲法は彼らの戦う武器になる。実際に権力と戦う武器として使われてきた。

立憲民主党は「政治権力が独裁化され、一部の人たちが恣意的に支配している」という認識に基づいて、彼ら流の憲法解釈を武器にして結党された政党である。「いまの日本は立憲主義が貫徹していない。だから私たちが回復する」と言っている。

裏返せば、「自分たちの憲法解釈を共有できない人々とは前提も現状認識も違うので、そもそも議論できないし、ともに政権を目指すこともない」という話でもある。政党は思想信条を共有する人々の集合体だから、枝野氏らがそう考えるなら、それでいいのかもしれない。そこは彼らの自由だ。

だが、そうだとすると、立憲はけっして幅広い国民が支持する国民政党にはなり得ないだろう。多くの国民が「憲法は権力を抑制するもの」と考えるとは限らないからだ。

もっと根本的な問題もある。立憲が「権力抑制が立憲主義」と主張するのであれば、彼らは、権力に対峙《たいじ》してこそ存在意義がある。それなら、どうして彼らは権力奪取を目指すことができるのだろうか。権力と戦うのが使命なのに、自分自身が戦うはずの権力を握ってどうするのか。

立憲が自分たちを「権力と戦う人々」と定義している限り、自分自身が権力を握ろうとする政治行動を原理的に説明できない。本質的にはそういう話である。つまり、そもそも立憲民主党という政党自体が自己矛盾《むじゅん》の上に成立しているのである。

篠田教授が主張するように「立憲主義は国民と政府の信託関係の尊重」という立場であれば、立憲主義を唱えても矛盾はない。「私たちが政権に就けば『信託関係』をだれにも透明に分かりやすく、無駄なく効率的に運営しますよ」といえばいいからだ。

歪んだ立憲主義を結党の根幹に据える立憲は、本質的に「自分たちは政権の抵抗勢力です。それ以上ではありません」と主張しているのである。実に漫画のような話だが、彼らのロジックに従うなら、彼らは絶対に権力を握れないのだ。

枝野代表のトンデモ経済論の中身

経済政策についても見ておこう。彼らはホームページで次のような経済政策を掲げている。

〈一、長時間労働の規制、最低賃金の引き上げ、同一価値労働同一賃金の実現
二、保育士・幼稚園教諭・介護職員等の待遇改善・給与引き上げ、診療報酬・介護報酬の引き上げ、医療・介護の自己負担の軽減
三、正社員の雇用を増やす企業への支援、赤字中小企業・小規模零細事業者に対する社会保険料負担の減免
四、児童手当・高校等授業料無償化ともに所得制限の廃止、大学授業料の減免、奨学金の拡充
五、所得税・相続税・金融課税をはじめ、再分配機能の強化〉

ここには成長を目指すマクロ経済政策がない。規制改革を柱とする構造改革政策もない。

所得税などの再分配機能の強化を掲げているが、それは成長政策ではない。ただし、彼らは「再分配機能の強化こそが成長政策」と言うのだろう。

一方で、児童手当などで「所得制限の廃止」を掲げている。これはまったく理解不能だ。金持ちの子女に児童手当を支払う必要があるのか。金持ちに授業料を無償化する必要があるのか。それでは、格差是正どころか悪平等を加速するだけだ。

自民党であれば、こうした政策を採用するときは、「所得制限」を導入する。金持ち優遇を避けるためだ。立憲は格差是正を言いながら、実は、金持ち優遇政策を唱えている。

枝野氏は民進党代表選でも保育士、幼稚園教諭、介護職員の待遇改善・給与引き上げを訴えていた。「保育士などの待遇改善が個人消費の拡大をもたらす」という理屈である。私も保育士などの待遇改善には賛成だ。だが、それが個人消費の拡大をもたらすというのは、大風呂敷に過ぎる。それは個別サービス分野の政策であって、マクロ経済全体の政策ではない。

財政金融政策についてどう考えているのかと言えば、枝野氏は民進時代に消費増税と金融引き締めを訴えていた。「金融引き締めで金利生活者が高い金利を受け取れるようになれば、消費が伸びる」という話だった。こうなると、「トンデモ経済論」としか言いようがない。二〇一七年衆院選では「消費税凍結」を訴えたので、そこは方針転換したようだ。だが、どこまで信用できるのか。彼らは本質的に財政再建優先の財政タカ派である。
そもそも枝野氏は「もはや成長を望むのは幻想だ」という論者だった。枝野氏の著書『叩かれても言わねばならないこと。「脱近代化」と「負の再分配」』(東洋経済新報社、二〇一二年)では、次のように書いている。

〈経済成長期は日本が手にするパイ、つまり富はみるみる増えていった。この時代の政治の役割は「富の再分配」だった。……しかし、低成長時代に入って、パイの拡大は限られたものになった。……現代はコストやリスクをどうやってみんなで公平に分担するのかという「負の再分配」の時代に入っている。私たちは、成長幻想や改革幻想といった夢から覚めて、その現実に向き合わなければならない〉(一部略)

一言で言えば、枝野氏は「成長あきらめ論者」である。成長をあきらめている政治家に対し、血税を払って政権を委《ゆだ》ねるほど、国民は甘くも愚かでもない。

権力者になれぬ人たちの絶対法則

立憲民主党とはどういう政党なのか。あらためて整理しよう。

第一に、彼らは信用できない。それは枝野氏がかつて過激な改憲私案を発表しながら、いま改憲反対に転じて素知らぬ顔をしている点に象徴されている。彼らは、いつまた豹変《ひょうへん》するか分からない。この「豹変」は、希望に移った元民進議員が、いまも実践している。「オレたちは希望の連中とは違う」と言うかもしれないが、元は同じ集団である。

ついでに言えば、共産も豹変した。一九四六年の大日本帝国憲法改正草案をめぐる国会審議で、当時の野坂参三《のさかさんぞう》議員は、憲法九条について「自衛権を放棄すれば民族の独立を危うくする」と演説して反対し、共産は議決でも賛成しなかった。それがいまは強硬な護憲派になっている。

かつての社会党も一九九四年、自社さ連立の村山富市《むらやまとみいち》政権が成立した途端に、日米安保条約と自衛隊を容認した。裏切りと態度豹変は、左派の得意技なのだ。

一方で、理屈を唱えることにかけては、彼らは達者なスキルを持っている。「立憲民主党」という党名が象徴的だ。彼らの旗は「権力を縛る立憲主義」だが、先述の通り、自分自身が権力を握ったらどうするのか。「自分たちは暴走しない権力になる」と言うのかもしれない。

ただ、それは「自分で自分をチェックする」という話である。そんな話が一番危ない。枝野氏が官房長官を務めた旧民主党政権は、いざ権力を奪取した途端、権力をうまく使いこなせず、結局、自己崩壊した。国民は福島原発のメルトダウンを隠した件を忘れていない。

他の野党との関係もある。共産は二〇一七年の衆院選で事実上、敗北したが、それでも「日米安保条約廃棄と自衛隊解消」の旗を掲げ続けている。それなら、立憲は衆院選で多少の選挙協力ができたとしても、共産とともに連合政権を目指すのはあり得ないだろう。立憲は日米安保と自衛隊を否定していないからだ。

立憲は野党勢力の中で孤高を保っている。彼らからは折に触れて「我が道を行く」発言が聞こえてくる。孤高を保つのは美しいかもしれないが、政治の世界では「主導権を握れないし、握らない」と言うのと同じだ。達者な理屈は柔軟さを阻害し、かえって邪魔になる。

かつて五五年体制の下で、社会党は自民党政権に対する抵抗勢力として存在意義を見出した。だが、政権を担うほどの政策構想力と実行力を示せず、結局、消滅した。立憲民主党はどうなのか。自分たちを「政権の抵抗勢力」と定義する限り、やがて社会党と同じ運命を辿《たど》っていくのではないか。

こうした権力者になれない人たちの「絶対法則」も、確実に存在する。労働組合の既得権益を守り、日本経済全体の成長は考えない。国を統治し、運営していく覚悟もない。憲法を「権力と戦う道具」と勝手に解釈し、「闘士」の自分に酔い痴《し》れる。そんな野党に多くの支持が集まるわけはない。「どうぞご勝手に」と言うほかない。

第五章　外交・安全保障のロジックを読む技術

米軍や日米同盟が不要になる条件

ここから一転して、目を世界に向ける。

そもそも、なぜ日本の未来を予測するために世界の情勢を考えることが重要なのだろうか。答えを言えば「日本は自分だけでは生きていけない」からだ。

この真実から目を背《そむ》けたい人々は右にも左にもいる。たとえば、左翼陣営は「憲法九条を守って日本の平和を守ろう」と主張する。これは立憲民主党や共産党は言うに及ばず、左派マスコミもそうだ。右はさまざまだが、たとえば「天皇陛下をお守りして日本の弥栄《いやさか》（さらなる繁栄）を祈ろう」という立場がある。

両者の主張は極端に違うように見えるが、実は共通している部分がある。ともに「まず日本のあるべき姿、理想の形から発想している」のだ。まず自分が「こうあってほしい」と願う日本の姿や形が先にあり、そこから世界を眺めている。

私は順番が違う。先に世界、とりわけ東アジアがあって、その中で「日本がどんな立ち居振る舞いをすれば、日本の平和と繁栄を実現できるか」と考える。「理想の日本」が先にあるのではない。

なぜかといえば、いくら日本が「こういう国でありたい」と願ったところで、そんな日本が実現できるかどうかは結局、周囲の環境、つまり世界情勢に条件付けられているからだ。具体的に言おう。

私は「日本はいま中国と北朝鮮の脅威にさらされている」と考える。

中国が尖閣《せんかく》諸島に領土的野心を抱いているのは、言うまでもない。尖閣諸島には、中国から多くの漁船や公船だけでなく、軍艦も押し寄せている。日本政府は二〇一八年一月一一日、中国の軍艦が「尖閣諸島の接続水域に入域した」として中国側に抗議した。一六年六月以来、二回目の出来事だ。同時に中国の潜水艦が潜航したまま、接続水域を通過したことも確認されている。

北朝鮮は米朝交渉を始めたものの、相変わらず日本を脅かしている。米朝交渉については、後で詳しく触れる。

仮定の話として、もしも「中国や北朝鮮は日本を脅かしていない」のだとすれば、私の考える日本の姿もガラッと変わる。世界とりわけ東アジア情勢を前提にして日本のあり方を考えるのだから、情勢が変わるなら日本のあるべき姿も変わって当然だ。

具体的にいえば、脅威がないなら、たとえば米軍基地は必要ない。すなわち、日米安保条約も必要ない。それなら、せいぜい最小限の自衛隊でもあれば十分だろう。

実は左翼陣営には、そう考えている人が多い。あまり多くを語るとボロが出てしまうから、彼らは途中で口を濁すが、実は「中国や北朝鮮だって日本と平和共存を願っているはずだ。日本を脅かすつもりはない。安倍政権が米国と一緒になって戦う姿勢を見せるから、彼らもやむを得ず攻撃姿勢を見せているのだ」などと考えている。

もしも、その現状認識が本当に正しいなら、米軍基地や日米同盟は不要である。残念ながら、真実は違う。先に述べたように、中国も北朝鮮も日本を脅かしている。この現状認識が日本の国家戦略を考える出発点である。現状認識が違うなら、対処方針、すなわち政策はぜんぶ違ってしまう。

政策というのは、難しい話でもなんでもない。現状にどんな問題点があって、それを改善するにはどうしたら良いか、という話だ。これは経済政策でも安全保障政策でも同じである。

周到に貿易戦争を行うトランプ

日本がなぜ「理想の日本」から考え始められないか、について別の説明をすれば、「日本は資源がなく、他国と貿易しながら生きていくほか道がないからだ」とも言える。原油がない日本は輸入するしかない、と言えば直感的に分かるだろう。

本当を言えば、日本だけでなく、いまや世界のどこを見ても、自国だけで完結するような国はない。米国もそうだ。軍事大国で経済大国でもある米国はあたかも、いざとなったら自分だけで生きていけるような国と思われがちだが、米国も実は自分だけでは生きていけない。

その象徴は「iPhone」だ。お手元にiPhoneがあったら、ぜひ裏側を見てほしい。なんと書かれているか。上の真ん中にリンゴのマークがあって、下のほうにiPhoneと書かれている。さらに、その下だ。そこには、非常に小さな字で次のように書かれている。私は虫眼鏡がないと読めない。

「Designed by Apple in California Assembled in China」

つまり、このiPhoneは「米国カリフォルニアのアップルでデザインされ、中国で組み立てられた」と書かれている。部品は日本や台湾製も多く使われている。それが何を意味するかといえば、iPhoneのような米国が世界に誇る製品であっても、米国だけで完結しているわけではない、という話である。

トランプ政権は中国と貿易戦争を始めたが、iPhoneのような製品は注意深く、制裁関税対象から外した。いくら「米国第一主義」を唱えていても「中国なしにはiPhoneが作れない」と大統領も分かっているのだ。

トランプ大統領が大統領選以来、唱えてきた「米国第一主義」は、言ってみれば、あたかも「米国は米国だけでやっていける」というような幻想でもある。幻想を振りまいて、その夢のような響きに、多くの有権者が拍手喝采《はくしゅかっさい》した。それで人気が盛り上がった。

だが、実際は米国といえども、自分だけでは生きていけない。まして、資源のない日本においてをや、という話である。日本はいくら自分の理想を唱えても、日本だけでは生きていけない。だからこそ、日本はまず「日本を取り巻く現状をどう認識するか」が一番、大事になる。これは「日本の権力者に課せられた最重要の絶対条件」である。

絶対条件の中で生き延びる方策を考えることが「絶対法則」になる。この絶対条件と絶対法則を離れて、権力を維持することはできない。極端に言えば、世界を離れて日本だけが勝手な道を選べば、やがて国が滅びてしまうのだ。

以下は「中国と北朝鮮が日本を脅かしている」という私の現状認識を前提に、話を進めたい。もしも、私と現状認識が異なるなら、残念ながら、まったく結論を私と共有できないだろう。それでも読み進めていただければ、ありがたい。日本の基本構造はこうなっているのか、と分かるはずだ。

防衛費四倍の中国に対抗するには

中国と北朝鮮の脅威は分かったとして、次の問題は「日本は中国と北朝鮮の脅威に単独で対抗できるか」という話になる。自分だけで中国と北朝鮮に対処できるのか、である。ずばり言えば、北朝鮮はさておき「日本は中国と戦ったら、勝てるのか」という問題だ。

結論を先に言えば、残念ながら、日本は勝てない。正確に言えば、日本は中国と北朝鮮の脅威に自分だけで対処できないのだ。

こう断言すると、ときどき「いや勝てる。なぜなら、自衛隊の実力はいまや世界のトップクラスだ」という人もいる。よく言われるのは、日本の潜水艦である。静粛性はトップクラスであり、乗組員の練度も高い。それに比べて、中国の空母（遼寧《りょうねい》）たるや元はウクライナから買った中古で、補修して作っただけ。エンジンがうるさいので、戦争になれば、日本の潜水艦はすぐ発見できる。それで「一発撃沈だ」というような話である。日本の自衛隊ファンなどは、そういう話をしたがる。

私に言わせれば、それは「贔屓《ひいき》の引き倒し」だ。

日本はなぜ中国に勝てないか。国力が違うからだ。どの国でも他国と戦争をするときは、双方の国力を比較する。かつての太平洋戦争でも、日本は事前に米国の国力を分析して、日本と比較した。その結果、短期決戦ならなんとかなるかもしれないが、長期戦になったら勝てない、と分かっていた。にもかかわらず、イチかバチかで戦争に突入してしまった。

戦う前に国力比較をするのは当然である。国力とは何か。ごく簡単に言えば、一番の基礎は国土と人口だ。中国の国土は日本の二五倍、人口は一〇倍だ。国土と人口にこれだけ差があると、日本は圧倒的に不利になる。早い話、一〇人が一対一で戦っても、敵は九〇人残る。残った敵は奥地にどんどん逃げることができる。追っかけて殲滅《せんめつ》すればいいと言っても、それは八〇年前、実際にやったことだ。日本は盧《ろ》溝橋《こうきょう》事件（一九三七年）以来、日中全面戦争を戦ったが、広い国土を制圧できず、最後は泥沼状態で敗戦を迎えた。

国土と人口の基礎の上に経済力がある。名目国内総生産（GDP）で測った中国の経済力は二〇一七年で一二兆ドル（約一三三〇兆円）、日本は四兆八〇〇〇億ドル（約五三〇兆円）だから、日本の二倍以上だ。最後に軍事力がある。中国の軍事費は毎年、GDPの二%、日本は一%である。

分母のGDPが二倍とすれば、中国の毎年の軍事費は日本の防衛費の四倍になる。これは年当たりなので、一〇年経ったら、とても追いつかない。というか、実際にはもう追いつかないところに来ている。

世界の軍事費は、推計を含めていろいろな数字がある。

たとえば、もっとも信頼されているスウェーデンのストックホルム国際平和研究所（SIPRI）の「世界の軍事費動向二〇一七年版（Trends in World Military Expenditure

2017)」によれば、中国の軍事費は二二八〇億ドルと推計されている。これに対して、日本の防衛費は四五四億ドルなので、中国は日本の約五倍になる。

一方、中国政府自身が発表している二〇一八年予算案の国防費は一兆一〇六九億元（一八年三月時点の換算で約一八兆四五〇〇億円）だった。日本の一八年度予算案の防衛関係費（米軍再編経費を含む）は五兆一九一一億円だったので、これだと三・五倍になる。

ここからは、ちょうど中間の数字を取り、ざっくり中国の軍事費は日本の防衛費の四倍と仮定して話を進めよう。

日本が防衛費を四倍にしたとき

日本の防衛費は約五兆円だ。したがって、もしも日本が中国に単独で対抗しようとすれば、少なくとも防衛費を四倍にして、中国に対抗する必要がある。ここから具体的な政策の話になる。日本は中国に対抗するために、毎年の防衛費を四倍にできるか。もしも、できるとすれば、軍事費だけを見れば、なんとか中国に対抗できるだろう。

だが、残念ながら、答えは「できない」。

日本が防衛費を四倍にするのは、絶対にできない。なぜか。頭の体操をしてみよう。

日本の防衛費を四倍にするとは、いまの五兆円を二〇兆円に増やすという話である。お金は天から降ってこないので、もしも二〇兆円に拡大しようと思えば、不足分の一五兆円をどこからか調達しなければならない。

　もしも安倍首相が決断して「来年度から防衛費を四倍増にするから、なんとか工面《くめん》してくれ」と財務省に指示したら、官僚はなんと答えるか。彼らは絶好の機会と喜んで、こう言うだろう。「総理、それは素晴らしい考えです。ぜひ消費税を増税しましょう」。だが、安倍首相は増税が好きではないから、「それはダメだ。別の案を出せ」と言うに違いない。国すると、財務省はなんと答えるか。「総理、増税がダメというなら仕方がないですね。国債を追加発行しましょう。それで赤字を賄《まかな》うしかありません」と言う。だが、安倍首相は財政赤字の拡大も嫌いなので「それもダメだ」と言う。財務省は最後の奥の手で「それなら仕方がありません。総理、他の予算を削るしかありません」と答える。総理は「そうだ、それで行け。他の予算を削って、一五兆円を捻出しろ」と言うだろう。すると、何が起きるか。

　そのときは、国民の年金、医療費、介護費、子育て支援を削るしかない。つまり社会保障費を削減するのである。「社会保障費に手を付ける前にやることがあるだろう。たとえば、公共事業費を削ったらどうだ」と思われるかもしれない。だが、公共事業など、たかだか六兆円に過ぎない。ぜんぶ止めたとしても、一五兆円は捻出できない。

なぜ社会保障費かといえば、それが国の一般会計予算の最大の費目であるからだ。二〇一八年度で一般会計予算は九七・七兆円。ざっくり一〇〇兆円だ。それに対して、社会保障費は三三兆円で三分の一を占める。だから、最大の社会保障費に手を付けないで、他の予算を削ろうと思ったら、他の予算を全部止めても足りないような話になる。

権力者の絶対法則の第一項とは

さて、以上のような政策、すなわち中国の脅威に日本が単独で対抗するために、増税するか借金を追加するか、社会保障費を大幅削減するか、あるいは三つの合わせ技で一五兆円を調達し、防衛費を四倍増にするような政策を実行できるだろうか。

これが、私たちが真剣に考えなければならない最初の問題である。

答えはすでに述べたように、そういう政策は絶対にできない。

なぜか。そういう政策はマスコミが絶対に許してはくれないからである。『朝日新聞』はもちろん、テレビ朝日もＴＢＳも、おそらくＮＨＫだって許してはくれない。「安倍政権は私たちに欠かせない社会保障費を削って、あるいは増税や借金を追加して防衛費を四倍増にしようとしている。とんでもない！　そんな政策は絶対、反対だ!!」と毎日、絶叫するに違いない。

こう書くと、たとえば一部の右派は「マスコミごときが何を言っても、国が本当に必要としている政策なら断固、やるべきだ！　安倍政権ならできる。『一強多弱』なんだから」と叫ぶだろう。

だが、そんな勇ましい意見は大間違いだ。そんな政策を本当に実行したら、何が起きるか。内閣支持率があっという間に急降下する。右派は「内閣支持率がいくら下がったって関係ない。国に必要な政策は断固、やるべきだ」などとまだ叫ぶ。すると、何が起きるか。

この国は中国や北朝鮮と違って、民主主義の国である。平均すると、二年に一回は国政選挙をやっている。参議院は憲法の規定で三年に一度だが（任期六年の議員の半数が三年ごとに改選される）、衆院は二年半くらい経つと、だいたい解散総選挙になる。だから衆参合わせれば、平均二年に一回である。

内閣支持率が下がったところで、国政選挙を迎えると、何が起きるか。あっという間に安倍政権はオシマイである。衆院で多数を確保したところで、参院で負ければ、衆参ねじれ状態になる。ねじれ国会の恐ろしさは第一章で説明した。税制改正法案と特例公債法案を野党の人質にとられてしまうから、予算編成したところで、両法案が否決されると歳入欠陥になり、結局、政権が行き詰まってしまう。

内閣支持率が低下したところで選挙を迎える恐ろしさは、安倍政権が二〇一七年七月に身をもって体験した。そのとき、何があったか。東京都議会選挙である。モリカケ問題で内閣支持率が急落していたところへ、都議会選挙を迎えたので、東京の自民党は大敗北を喫した。あれが国政選挙だったら、いまごろ安倍政権はとっくに倒れていたのだ。

以上から、何を言いたいか。

一強多弱と言われる安倍政権が続いているのは、結局のところ、国民の支持があるからなのだ。国民の支持がなくなれば、政権は終わる。ごく当たり前の話なのだが、多くの政治記者や国民もここをつい、忘れてしまう。

多くの人々は「政治は永田町の政治家がやっていること」と思っている。だが、実は違う。政治とは、国民の支持を得た政治家が国民になり代わって、いわば「国民の代理人」としてやっている営みである。

だから、政策は国民の支持があるからこそ成り立っている。もしも国民が「ノー」と言えば、それは内閣支持率に反映され、いずれ国政選挙によって政権丸ごと否定されてしまうのだ。

こういう政治の原点を理解しているのが、賢い権力者である。ここを理解していなかったり忘れてしまったら、政権は倒れ、権力者は権力の座から滑り落ちてしまう。だからこそ、第一章で確認したように、安倍首相は世論調査の動向に細心の注意を払っている。これは

「権力者の絶対法則」の第一項である。

米国を捨て中国の勢力圏に入る？

日本は防衛予算の四倍増はできず、したがって中国に単独では対抗できない、と分かった。それでは、どうやって中国、そして北朝鮮の脅威に対抗するのか。これが次の問題である。これも答えを先に言おう。米国との同盟によって対抗するのだ。

あるいは米国を捨てて、中国の勢力圏に入るしかない。中には「米国より中国がいい」という人がいるかもしれない。かつて、鳩山由紀夫《はとやまゆきお》政権は東アジア共同体構想を唱えた。一言で言えば「日本は中国との関係を大事にしよう」という話だった。だが、米国の警戒感を呼び起こし結局、挫折した。私も中国と仲良くできればいいと思うが、いまのように尖閣諸島に領土的野心をみなぎらせている現状では、とても無理だ。

多くの日本人も「中国より米国」と考えているだろう。日本はいま米国と安全保障条約を結んでいる。つまり日米同盟によって、中国と北朝鮮の脅威に対抗しているのである。日本＋米国vs.中国＋北朝鮮――これが日本の平和と安全、そして繁栄を担保している基本の枠組みである。

日本と米国が安保条約で同盟関係を結んで、中国と北朝鮮に対抗している。この基本構図さえ理解できれば、東アジアに関わる残りの外交問題はほとんど、きれいに整理整頓されてしまう。だから、まず基本構図をしっかり腹の底まで染みわたらせる必要がある。

具体的に二つの問題を説明する。

まず、ロシアとどう付き合うのか。あのウラジーミル・プーチン大統領のロシアだ。プーチン大統領は「力がありそうなのは分かるが、なんとなく信用できない」という人が多いかもしれない。私の結論を言えば、ロシアとは仲良くする以外に選択肢はない。どんなに北方領土返還の話が進まなくても、その代わりに経済協力の話ばかりが先行して日本にいい話がなかったとしても、安倍首相はプーチン大統領と会うたびに、にっこり笑って握手して、「じゃ、また、そのうち会おうな」と言って別れるしかないのである。

なぜか。日本はロシアと喧嘩《けんか》するわけにはいかないからだ。日本は自分だけでは中国と北朝鮮の脅威に対抗できず、米国の力を借りて、ようやく対抗できているに過ぎない。そんな日本が、中国や北朝鮮に加えてロシアとも喧嘩できるか。絶対にできない。

ロシアはかつてのソ連とは違って中進国になってしまったとはいえ、大量の核兵器を持っている。そんな国とは敵対できない。だから、中国と北朝鮮の脅威がある限り、ロシアとは何があっても、仲良くする以外にない。これが対ロ外交の絶対条件なのだ。

プーチン大統領は二〇一六年一二月、山口県を訪れ、安倍首相と日ロ首脳会談をした。その際、大統領が二時間四〇分も遅刻し、会場前に待機した首相を待ちぼうけ状態にしたのを覚えている読者も多いだろう。外交的には、あってはならない非礼である。それにもかかわらず安倍首相が抗議しなかったのは、「プーチン氏が遅刻常習犯だから」といった解説が流れたが、そんな表面的な話だけではない。

日本はプーチン氏が二時間遅刻しようが、三時間だろうが、喧嘩はできないのである。こんな事情を安倍首相が日本国民に説明することは絶対にない。なぜかといえば、そんな話をしたところで、プーチン氏に足元を見られるだけであるからだ。プーチン氏にしてみれば「シンゾウ、オマエはオレとは絶対に喧嘩できないよなあ。だって中国と北朝鮮と大喧嘩してるんだから」という話である。

したがって、安倍首相は「ロシアとは喧嘩できない」などとは口が裂けても言わない。首相が言わなくても、プーチン氏はとっくに分かっている。それは東アジア情勢を眺めていれば、当然である。実際に日本は中国と北朝鮮の脅威にさらされており、米国を頼りにしているのだから。

情けないのは「中国や北朝鮮だって日本と平和共存を望んでいるはず」などと夢想している日本の左翼である。そんな夢物語に浸っている人たちに、日本の国益をかけた外交などできるわけがない。プーチン大統領に笑われ、馬鹿にされるだけだ。

プーチン大統領だって「日本はオレと喧嘩できない」と分かったうえで、安倍首相と喧嘩せず、国益をかけて会談を続けているのだ。

この話は外交に限らない。大げさに言えば、人生の決断でも同じだ。自分にとってもっとも重要な事柄を見極めたうえで、それを侵さない範囲で、残りの問題について扱い方を判断するのである。

日米同盟と北方領土の軽重

ここで、北方領土問題について書いておく。

はたして北方領土は日本に戻ってくるのか、こないのか。私の答えを先に言えば、可能性はゼロではないが、現状では難しい。ただし、全体状況がいい方向に向かっていることも間違いない。どういうことか。

北方領土が戻ってくるかどうかは、日本の努力もさることながら、最後は米国次第であるからだ。米国のロシアに対する態度いかんにかかっているのである。以下、そこを説明する。

まず、米国は日米安保条約と付随する日米地位協定によって、基本的には日本のどこでも、米国が望むところに米軍基地を置くことができる。ロシアが日本に北方領土の島の一部、または全部を返還すれば、そのときから島は日本の領土になる。だが、その島には同時に日米安保条約が適用される。具体的には、次の日米安保条約第六条である。

〈日本国の安全に寄与し、並びに極東における国際の平和及び安全の維持に寄与するため、アメリカ合衆国は、その陸軍、空軍及び海軍が日本国において施設及び区域を使用することを許される。前記の施設及び区域の使用並びに日本国における合衆国軍隊の地位は、一九五二年二月二八日に東京で署名された日本国とアメリカ合衆国との間の安全保障条約第三条に基く行政協定（改正を含む。）に代わる別個の協定及び合意される他の取極により規律される〉

以上の条文を受けて、具体的な取り扱いを決めている日米地位協定には、なんと書かれているか。次の第二条一（a）である。

〈合衆国は、相互協力及び安全保障条約第六条の規定に基づき、日本国内の施設及び区域の使用を許される。個個の施設及び区域に関する協定は、第二十五条に定める合同委員会を通じて両政府が締結しなければならない。「施設及び区域」には、当該施設及び区域の運営に

必要な現存の設備、備品及び定着物を含む〉

この条文の解釈の仕方は、外務省が作成した「日米地位協定の考え方・増補版」というマニュアルに記されている。マニュアルは厳重な「マル秘」扱いされていて、外務省は対外的に公表していない。ところが、沖縄の『琉球新報』が入手し、二〇〇四年一月一日から連載で検証報道した。

同社はその後、マル秘文書全文を『日米地位協定の考え方・増補版』（高文研）として出版した。以下は、同書に基づく。マニュアルの第二条一（a）は「次の二つのことを意味している」と前置きしたうえで、こう記している。

〈第一に、米側は、我が国の施政下にある領域内であればどこにでも施設・区域の提供を求める権利が認められていることである。第二に、施設・区域の提供は、一件ごとに我が国の同意によることとされており、したがつて、我が国は施設・区域の提供に関する米側の個々の要求のすべてに応ずる義務を有してはいないことである〉

これだけ読むと、あたかも「日本は米国の施設・区域提供要求を拒否できる」と思ってしまいそうだが、実はそうではない。途中の記述を一部省略するが、続けてマニュアルはこう記している。

〈個々の施設・区域の提供につき米側が我が国の同意を必要とするのは、場合によっては、関係地域の地方的特殊事情等（例えば、適当な土地の欠除、環境保全のための特別な要請の存在、その他施設・区域の提供が当該地域に与える社会・経済的影響、日本側の財政負担との関係等）により、現実に提供が困難なことがあり得るからであって、かかる事情が存在しない場合にも我が国が米側の提供要求に同意しないことは安保条約において予想されていないと考えるべきである。（注）〉

つまり、日本側に特殊事情があれば別だが、そうでなければ、米側の要求を拒否できない。そこを確認したうえで、北方領土との関係で重要なのは、最後の（注）の部分だ。ここには、何と書いてあるか。

〈このような考え方からすれば、例えば北方領土の返還の条件として「返還後の北方領土には施設・区域を設けない」との法的義務をあらかじめ一般的に日本側が負うようなことをソ

連側と約することは、安保条約・地位協定上問題があるということになる〉

ここで「ソ連（ソビエト連邦）」と記されているのは、このマニュアルが作成されたのは一九八三年一二月であり、その時点で現在のロシア連邦は存在せず、北方領土を占有していたのは旧ソ連だったからだ。いまの時点で言えば、日本が「返してくれた北方領土には米軍基地を置きませんよ」などと、事前にロシアと約束することはできない。それが、外務省の解釈である。

この点は実際に、二〇一六年一二月にプーチン大統領が来日した際、事前の事務方折衝で議論になった。ロシアの高官は日本の谷内正太郎《やちしょうたろう》・国家安全保障局長に「日本に北方領土の一部である歯舞《はぼまい》諸島と色丹《しこたん》島を返還した場合、日本は米軍基地を置くのか」と尋ねて、谷内局長は「可能性はある」と答えた、と報じられている。

一部に、この返答は踏み込み過ぎだった、というような批判もあるが、官僚としては当然の答えだった。外務省がそのように解釈してきたからだ。

さらに「これでは、日本は独立国とは言えない。米国からの自立が先決だ」というような主張もある。

これについては、もう答えを述べた。日本は中国と北朝鮮の脅威に自分だけで対処できず、米国との同盟によって、ようやく対処できている。日本はそういう国なのだ。だから、米国からの自立を唱える論者は、それなら「日本はどうやって、中国と北朝鮮の脅威に対処するのか」という根本問題に遡《さかのぼ》って答えなければならない。

自国だけですべての脅威に対処しようとすれば、大軍事国家にならざるを得なくなる。中国に対処するだけでも、防衛費は四倍になってしまう。

したがって、北方領土問題だけを見て「日本は独立国家ではない」などと批判するのは、近視眼的な見方だと言わざるを得ない。中国と北朝鮮という具体的な脅威にさらされている日本は、それに加えてロシアと喧嘩するわけにはいかない。一方、日本にとって、もっとも重要な日米同盟を犠牲にしてまで、北方領土を返してもらいたいばかりにロシアと勝手な約束もできない。そういう話なのだ。

安倍・トランプ蜜月で北方領土は

一般化して言えば、外交交渉は相手国だけと交渉していればいい、という話ではない。相手と話し合うのはもちろんだが、同時に関係国とも話し合って利害を調整していかなければならない。これも「権力者の絶対法則」である。ここを理解しないで、もっぱら相手国だけとの利害を計算しているだけでは解決にならない。

繰り返すが、日本の平和と安定、そして繁栄の基盤は日米同盟である。なぜ、日本にとって日米同盟が不可欠なのかを理解せずに「米国の言いなりだから、日本は独立国家ではない」などと言うのは「木を見て森を見ず」の議論だ。そういう論者は右にも左にもいる。

現状に目を凝らせば、日本にとって有利な状況も生まれつつある。

まず、安倍首相とプーチン大統領の関係が良好だ。加えて、米国のトランプ大統領とプーチン大統領の関係も好転する気配がある。この背景は後で詳しく見ていくが、米ロ関係が良くなれば、米国が「返還された北方領土に米軍基地を置かなくてもいい」と言い出す可能性も出てくるかもしれない。

少なくとも、米ロが喧嘩状態にあるよりましだ。

なにより、安倍首相とトランプ大統領の関係は世界最高だ。ロシアは潜在的に中国の脅威も感じている。中国を牽制するために、日本と米国に「恩を売っておこう」と考えるかもしれない。そんな中では、日米ロ三ヵ国の話し合いによって、北方領土返還が実現する気運が出てくる可能性がある。

「絶好のチャンス到来」などと持ち上げるつもりはないが、日米ロの信頼関係構築なくして、北方領土が返ってくる可能性がないのは、確かである。北方領土問題については、終章でもう一度、触れる。

ちゃぶ台返しの韓国に対しては

韓国についても考えておきたい。

日本は韓国と、どのように付き合っていくべきなのか。日本は韓国と仲良くすべきか、それとも本気で喧嘩できるのだろうか。ここでも私の答えを先に言えば、いくら慰安婦問題への対応など韓国の振る舞いに怒りを覚えても、日本は韓国と喧嘩すべきではない。仲良くしたいがために、節《せつ》を曲げてまで握手する必要はないが、だからといって「オマエとは話ができない」などと拳《こぶし》を振り上げて喧嘩する必要もない。

言ってみれば「まあまあ、そう大声を上げないで」と、大人の対応で付き合っていくべきなのだ。

それは、なぜか。これも話は根本に戻る。日本は中国と北朝鮮という具体的な脅威にさらされている。この二国による脅威に対応するためには、いくら韓国がデタラメでも、真正面から喧嘩して敵に回すのは得策ではないからだ。

ご承知の通り、韓国と日本は二〇一五年一二月、慰安婦問題に関し政府間で合意した。韓国は朴槿恵《パククネ》政権の時代である。政府間で文書を交わした合意ではないが、日本側は岸田文雄外相、韓国側は尹炳世《ユンビョンセ》外相が共同記者会見に臨み、それぞれ合意内容を口頭で発表した。

岸田外相の発言は「安倍首相は心からお詫びと反省の気持ちを表明する。元慰安婦を支援する財団に日本政府の予算で資金（概《おおむ》ね一〇億円程度）を拠出し、元慰安婦の心の傷を癒やす措置を講じる」という内容だった。一方、尹外相は「韓国は在韓日本大使館前の少女像について、関連団体との協議を通じて適切に解決されるよう努力する」と述べた。

そのうえで、両外相は「今回の発表により、この問題が最終的かつ不可逆的に解決されることを確認する」とし、双方が「本問題について互いに非難・批判することは控える」とも述べた。

この日韓合意を受けて、日本は二〇一六年八月三一日、韓国政府が設立した「和解・癒やし財団」に一〇億円を拠出した。一方、日本大使館前の慰安婦像（少女像）はどうなったかといえば、相変わらず撤去されていない。それどころか、同年一二月には釜山《プサン》市の日本総領事館前の路上に新たな慰安婦像が設置されてしまった。地元の釜山市東区は設置に許可を与えている。いまや、ソウル市内を走るバスのなかにも慰安婦像がある状態だ。つまり、韓国側は約束を果たしていない。

韓国はその後、二〇一七年五月に政権交代が起きて、文在寅《ムンジェイン》政権に代わった。文氏は大統領に就任した直後、安倍首相と電話会談し、その中で「国民の大多数が心情的に合意を受け入れられないのが現実」と述べた。文政権は合意を破棄せず、再交渉もしない方針を掲げている。だが、日本が拠出した一〇億円については一八年七月、韓国が政府の予備費で代替支出する方針を閣議で承認した。

文政権が日本政府の拠出を無効化し、事実上、慰安婦合意を反故《ほご》にしようとしているのは明らかである。韓国は「問題を最終的かつ不可逆的に解決する」と政府間で合意しておきながら、平気でちゃぶ台返しをするような国なのだ。だから「そんな韓国と仲良くできるか」と腹立たしい思いにとらわれるのは、よく理解できる。

だが、それでも私の結論は変わらない。韓国とは「まあまあ」と言って付き合っていく以外にない。仮に、日本が韓国と本気で大喧嘩を始めれば、何が起きるか。韓国は一層、反日的になって、あっという間に中国と北朝鮮の側に近づいていくだろう。

実際には、後の章で見るように、文政権下の韓国はとっくに中国と北朝鮮に寄り添っている。それは安倍首相もトランプ大統領も分かっている。だからといって「オマエはオレの敵だ」などと大声を張り上げても、日本にはなんの得もない。中国と北朝鮮に加えて、新たな敵を作るだけであるからだ。

慰安婦問題は放っておけばいい

では、そんな日本は慰安婦問題をどうすべきなのか。私は「放っておけばいい」と思う。

文政権が何と言おうと「問題は最終的かつ不可逆的に解決された」のである。しかも、日本は合意に基づいて、すでに一〇億円を支払った。約束を守らないのは韓国側である。今後、韓国はどう言おうと、日本が非難されるいわれはない。また韓国の政権が代わる可能性もある。それならば、あちらの事情が変わるまで当分、放っておくのがベストの選択肢ではないか。

何もしなくても、日本が困ることはない。困るのは韓国側だ。

釜山の日本総領事館前に新たな慰安婦像が設置された後、日本は日韓通貨スワップ協定の再締結に関する協議の無期限中断を韓国側に通告した。韓国は恒常的に米ドル不足に悩まされており、韓国ウォンの信用力も乏しい。いざというとき、日本が国際的に信用されている円を融通《ゆうずう》しなければ、韓国はウォンが売られ、金融危機に陥る可能性がある。

こういう日韓関係の状況は、いわば国レベルの猿芝居のようなものだ。本当はまったく信頼していないのだが、表立って喧嘩はせず「オマエ（韓国）はオレたち（日米）の仲間だよな」と言い続けている。なぜなら、日韓が喧嘩を始めて、韓国を中国と北朝鮮の側に追いやってしまっては、元も子もないからである。

国の行く末を預かる権力者は、どんなにロシアや韓国に腹立たしい思いを抱えていたとしても、怒りに任せて大局を見失ってはならない。まず、自国を取り巻く現状をしっかり分析する。ずばり言えば、自国と相手国の国力を見極める。

日本がオールマイティで、なんでも自分だけで解決する力を持っていればいいが、残念ながら、そんな力はない。軍事力を見ても、日本は専守防衛に徹しており、相手を攻撃する能力はない。

そうであれば、そんな日本がどう脅威に対抗するかを考える。同盟国とともに脅威を抑止することを考える。これが外交と安全保障に関わる「権力者の絶対法則」なのだ。

第六章　北朝鮮・韓国を中国から読む技術

米国が韓国から核を撤去した背景

この章では、日本にとって具体的な脅威である中国と北朝鮮、そして韓国について考えていく。まず、東アジア全体の鍵を握っている北朝鮮を軸に情勢を眺めてみる。

そもそも北朝鮮は、なぜ核とミサイルを保有しようと思ったのだろうか。

朝鮮半島問題の専門家でジャーナリストでもあった故ドン・オーバードーファーとロバート・カーリンの著書『二つのコリア』（共同通信社、第三版、二〇一五年）によれば、話は一九七〇年代に遡《さかのぼ》る。

一九五三年に休戦した朝鮮戦争の後、北朝鮮はソ連に少人数の科学者を送り込んで、核に関する研究を始めた。米国の専門家は「北朝鮮は七九年ごろ、原子炉用の敷地造成を始めた」と見ている。米国の偵察衛星が原子炉施設を初めて写真撮影したのは、八二年四月だった。

なぜ北朝鮮が核開発を進めたかについて、同書は「はっきりした情報がないため、臆測の域を出ない」としながらも、朝鮮戦争でダグラス・マッカーサー将軍が原爆の使用を検討した経緯に触れている。当時のドワイト・アイゼンハワー大統領も原爆の使用をほのめかしていた。

米国に対抗するには「核兵器が必要」と認識したのは、それがきっかけだったのかもしれない。現在では、北朝鮮が核保有を目指すのは「米国の脅威から金《キム》体制を守るには核に頼るしかないし、核兵器は通常兵器に比べて安上がりでもあるからだ」というのが通説になっている。

北朝鮮は「最初から全くの独立独歩」（同書）で核開発を進めた。その後、北朝鮮はソ連から原子炉を入手する条件をクリアするため、一九八五年一二月、核兵器不拡散条約（NPT）に加盟した。だが、ソ連との関係が悪化し、原子炉輸入計画は失敗に終わってしまう。

NPTは米国、ロシア、フランス、英国、中国の五ヵ国だけを「核兵器国」と認め、誠実な核軍縮交渉を義務付けるとともに、その他の「非核兵器国」には核兵器の製造や取得を禁止し、国際原子力機関（IAEA）の査察を義務付けた。

一言で言えば「五大国は核を保有してもいいが、その他の国はダメ」という内容である。「不平等じゃないか」と言われればそれまでだが、これが第二次世界大戦を踏まえた国際政治の現実だ。この五大国は国連安全保障理事会の常任理事国でもある。核も、国際秩序形成も、五大国が既得権として握っている。

一九八五年ごろには、米国で北朝鮮の核開発に対する懸念が強まった。北朝鮮の核開発について、米国が韓国政府にブリーフした内容が韓国マスコミにリークされ、「九〇年代半ばには北朝鮮が原爆を製造できるようになる可能性がある」という記事が世界中に流れた。北朝鮮は当初、報道を否定した。だが、IAEAの査察受け入れ圧力が強まると「韓国に配備された（米国の）核の脅威が存在する限り、査察は認めない」と反論した。この反論について同書は、「有無を言わせぬほど論理的で、しかも訴えるものがあった」と評価している。

その後、弾道ミサイルなど核の運搬手段が進歩した結果、米国内でも「韓国を守るためであっても韓国内に核兵器を置く必要はない」という議論が起きる。米国は結局、北朝鮮の主張にも配慮した形で一九九一年一二月、韓国からすべての核を撤去した。ジョージ・ブッシュ（父）政権のときだ。だが、それでも北朝鮮は独自の核開発を続け、二〇〇三年にNPTを脱退し、現在に至っている。

北朝鮮の思う壺にはまる左翼たち

ざっと振り返っただけでも、北朝鮮が核保有を目指したのは、朝鮮戦争で戦った米国に対抗するためだった、と分かる。それが「自分たちは米国の核の脅威にさらされている。だから査察は認めない（=開発を続ける）」という理屈なのだ。朝鮮戦争は法的にはいまも続いており、現状は休戦中であるに過ぎない。

北朝鮮にとって、核とミサイル開発は米国の脅威から身を守る命綱だった。言い換えれば、金正恩《キムジョンウン》朝鮮労働党委員長にとって、核とミサイル開発は朝鮮戦争以来、生き残るための絶対条件だった、と言っていい。

実際、北朝鮮はしばしば「自分たちの敵は米国だ」と公言してきた。たとえば、二〇一八年一月に韓国と北朝鮮の間で閣僚級会談が開かれた際も、北朝鮮の首席代表は記者団に対し、「我々の原爆や水爆、大陸間弾道ミサイル（ＩＣＢＭ）は徹頭徹尾、米国を狙ったもので、同族を狙ったものではない。中国やロシアを狙ったものでもない。朝鮮半島非核化の話を持ち出せば、今回の合意は水の泡になる」と語った。

この話は、日本の左翼勢力にとっては、安倍政権を攻撃するネタになっている。「ほらみろ、北朝鮮の敵は米国なんだ。だから、米国に追従する安倍政権は、わざわざ日本を北朝鮮の敵に仕立てている」「安倍政権は米朝の対立に日本を巻き込んでいる」「日本は米国追従ではなく北朝鮮と対話すべきだ」という論法である。

これこそ、まさに北朝鮮の思う壺《つぼ》である。北朝鮮から見れば、本来の敵である米国と日本の連携に楔《くさび》を打ち込みたい。できれば、日本にある米軍基地を使えなくなるようにしたい。そのためには、日本が米国から離反してくれたほうが都合《つごう》がいい。だから「敵は米国」と声を嗄《か》らして叫び続けている。

だが、北朝鮮の核とミサイルは米国だけでなく、日本も狙っている。それは、再三繰り返されたミサイル発射実験でも明らかだ。北朝鮮の『労働新聞』は二〇一三年四月、社説で「東京、大阪、横浜、京都、名古屋などを火の海にする」と脅したこともある。

そもそも、北朝鮮は罪もない日本人を何人も拉致してきた犯罪国家なのだ。拉致被害者を取り戻すためにも、日本は米国と共同歩調をとって北朝鮮に圧力をかけていくほかない。拉致問題については、また後で触れる。

北朝鮮をめぐって日米の連携に水を差そうとする左翼の論法は、安倍政権憎しのあまり、本来の敵に塩を送っているようなものだ。北朝鮮から見れば「敵（安倍政権）の敵（日本の左翼）は味方」と思っているに違いない。左翼にとっては、北朝鮮の脅威よりも「安倍政権打倒こそが絶対目標」になっている。

米国が日本に核兵器を配備する日

そのうえで本題だ。では、なぜ、北の核を認められないか。

第一の理由は「彼らはテロリスト国家である」からだ。日本人拉致問題は言うに及ばず、彼らは何度もテロを実行してきた。金ファミリーを中心とするテロリスト国家には「核を使えば核で報復する」という脅しが効かない。なぜか。彼らは自国民が核で攻撃されて、甚大《じんだい》な被害が出たとしても、なんとも思わないからだ。

金ファミリーには「自国民の生命や財産を守る」とか「人権を守る」といった普通の国の理念がない。中国やロシアも人権意識が高いとは言えないが、曲がりなりにも「核には核で報復する」という「脅しの原理」(相互確証破壊＝MAD)は理解している。だから核との共存が可能になる。

だが、北朝鮮のような異常な独裁者が仕切るテロリスト国家には、「核で反撃するぞ」という脅しで核兵器の使用を思いとどまらせられる保証がないのだ。

第二の理由は、彼らがテロリスト国家であるからこそ、核保有を認めてしまえば、別のテロリストに核が流出する懸念があること。たとえば、北朝鮮がシリアやイランのようなテロ支援国家や、国境を超えて活動するテロリストグループに、核を売り渡すかもしれない。そうなれば、米国はテロリストに脅かされ続ける事態になってしまう。

そして第三に、北朝鮮が核を持てば、韓国や日本も核を持たざるを得なくなる可能性がある。現実に韓国では核武装論が議論されている。日本では、さすがに日本独自の核開発を唱える向きは少ないが、たとえば自民党の石破《いしば》茂《しげる》・元幹事長は北朝鮮の核開発に絡めて、日本の非核三原則見直しを唱えた。

非核三原則とは「核を持たず、作らず、(米国に)持ち込ませず」という原則である。石破氏は、そのうち「持ち込ませず」について見直して「米国には正々堂々と日本に核配備してもらおう」と考えている。私は、この議論は理屈の上では正しいと思う。

だが、そうなれば、日本を取り巻く安全保障環境は間違いなく緊張する。そうならないように、北朝鮮には非核化してもらわなくてはならない。

つまり、北の核を容認できない根本的な理由は、世界と東アジア、とりわけ日本の平和と安全が不安定になるからだ。「盗人《ぬすっと》にも三分の理」ではないが、北朝鮮にもそれなりの理由はある。だが、それを認めてしまっては、日本自身が危うくなる。もしかしたら、米国が日本に核兵器を配備するだけでなく、日本自身も一層の軍備増強を図らざるを得なくなるかもしれないのだ。

文大統領は在韓邦人を人間の盾に

そんな北朝鮮に対し、米国や韓国、そして日本はどう対応してきたか。

まず、韓国だ。文在寅政権は発足当初から、北朝鮮との対話路線にのめり込んでいた。韓国で開かれた平昌《ピョンチャン》冬季五輪（二〇一八年二月九〜二五日）の開会式に、北朝鮮は金正恩氏の妹、金与正《キムヨジョン》氏を送り込む。与正氏は正恩氏の親書を文大統領に手渡して南北首脳会談を提案した。

北朝鮮の狙いは時間稼ぎだ。米国が軍事攻撃の可能性を強く示唆《しさ》する中、対話ムードを盛り上げて時間を稼ぎ、その間に核とミサイルを完成させてしまう。これに対して、文大統領は「環境を整えて南北首脳会談を実現しよう」と前向きに応じた。韓国は「なにがなんでも米国の軍事攻撃は阻止する」という一点で北朝鮮と一致していたのだ。

私は、当初から「文政権は事実上、中国とロシアの手先になっている」と見ていた。それには、以下のような「証拠」があった。

中国とロシアの北朝鮮問題に対する基本スタンスは「ダブル・フリーズ（二重の凍結）」と呼ばれていた。つまり「米国は韓国との合同軍事演習を中止する」。その代わり「北朝鮮は核とミサイル実験を中止する」という案である。このダブル・フリーズ案は二〇一七年七月、中国の習近平《しゅうきんぺい》国家主席とロシアのプーチン大統領がモスクワで会談した際に、両者が合意して世界に発表した。

ところが、文政権はその直前、まったく同じ提案を発表していたのだ。つまり、中国とロシアの露払い役を果たした形になる。これが一点。

加えて、文大統領は米国が強く求めていたTHAAD（終末高高度防衛ミサイル）の韓国配備でも、「前政権が決めた話だ。オレは聞いていない」という態度で先送りしていた。

THAADは中国が強く配備に反対していたシステムだ。なぜかと言えば、レーダーの探知範囲が一〇〇〇キロに及ぶＴＨＡＡＤが韓国に配備されたら、北京のすぐ近くまで監視される形になり、中国の軍事力が丸裸にされかねなかったからだ。

さらに、在韓邦人の退避問題に対する文大統領の冷たい対応もあった。

安倍晋三首相は平昌五輪の開会式に国内の強い反対論を蹴って出席した。どうしても、このタイミングで文大統領に会って話をしなければならない事情があったからだ。それが在韓邦人の退避問題である。

韓国には、観光客を含めて常時、約六万人といわれる日本人がいる。米国が北朝鮮への軍事攻撃に踏み切れば、彼らは直ちに危険にさらされる。北朝鮮は韓国との国境沿いに大量の長距離砲やミサイルを配備しており、いざ戦端が開かれれば「ソウルを火の海にする」と公言してきた。だから、日本の首相としては、なんとしても退避問題で文大統領の協力をとりつける必要があった。

いざ有事となれば、日本政府は自衛隊の艦船や航空機を動員して在韓邦人を日本に退避させる方針を固め、極秘に退避計画を練っていた。ところが、韓国側は自衛隊の韓国上陸や港への自衛艦接岸を容認しなかった。そこで、安倍首相が文大統領と直談判《じかだんぱん》して協力を要請する腹を固めたのだ。

日韓首脳会談が開かれると、結果はどうなったか。

全容を知る政府高官によれば、安倍首相は文大統領に退避問題を持ち出したが「韓国側は極めて慎重だった」という。つまり、自衛隊の受け入れを拒否したのである。一部では「邦人の退避や安全確保に向けた連携で一致した」と報じられたが、実態はゼロ回答に近かった。文大統領が拒否した理由は、はっきりしている。

軍事攻撃を阻止するために、在韓邦人を事実上の「人間の盾《たて》」に使おうとしたのである。文政権は日本を犠牲にしても、北朝鮮と足並みをそろえようとした。

対韓政策は中朝との関係で考える

一方、安倍首相の立場は微妙だった。国内では、保守派が「また慰安婦問題を持ち出している文大統領に、わざわざ日本の首相が五輪の祝意を述べに行く必要はない」と訪韓に反対していた。

日本と韓国は二〇一五年一二月、慰安婦問題で「最終的かつ不可逆的な解決」を確認した日韓合意を結んだ。当時の韓国は朴槿恵《パククネ》政権である。前章で説明したように、日本側はその後、合意に基づいて韓国が設立した「和解・癒やし財団」に約束した一〇億円を拠出したが、韓国側は在韓日本大使館前に置かれた慰安婦像を撤去していなかった。

それどころか、釜山の日本総領事館前に新たな慰安婦像が置かれるありさまだった。韓国では、バスの中にも慰安婦像が置かれる異様な事態になっていた。そのうえ、文政権は安倍首相に新たな謝罪の手紙を書くよう求めていた。

そんな文政権に対して、日本の保守派から「ふざけるな」という怒りの声が巻き起こったのは当然だ。一方、在韓邦人の安全確保は首相として最優先課題の一つだった。これ以上、重要な課題はないと言ってもいい。

だが、結果は満足できるものではなかった。だからといって、韓国を表立って批判するわけにもいかない。

なぜかといえば、この局面で日韓が喧嘩を始めれば、喜ぶのは北朝鮮だったからだ。首相としては、言うべきことは言いつつも、対立の表面化は避けなければならなかったのだ。その結果が、先の「邦人の退避や安全確保に向けた連携で一致した」という報道に表れている。ここは日韓関係の本質に関わっている。

どういうことか。文政権の裏切りが分かっていても、それをあからさまに批判して、喧嘩を始めるわけにはいかない。なぜなら、中国と北朝鮮こそが「本当の脅威」であるからだ。韓国の振る舞いに怒りを覚えても、ぐっと堪《こら》えて連携を演出せざるを得ないのである。

日本は対韓関係を中国や北朝鮮との関係の中で考えなくてはならない。繰り返すが、全体状況の中でどう国益を確保していくか。これこそが外交の「絶対法則」である。

米豪首脳が共有していた強硬方針

米国はどうしていたか。

最大限の圧力を加える一方、対話も模索していた。たとえば、マイク・ペンス副大統領は平昌五輪開会式に出席した後、ワシントンに戻る機中で米紙『ワシントン・ポスト』のインタビューに応じ、次のように述べている。

「同盟国が非核化に向けた意味のあるステップと信じられるような何かを北朝鮮が実際に示さなければ、圧力は緩まない」

「したがって最大限の圧力は続き、強化する。だが、もし相手が話し合いたいと望むなら、我々は話し合う」

この方針を、ペンス氏は「最大限の圧力と対話の同時進行（maximum pressure and engagement at the same time)」と説明していた。従来は「非核化とミサイル開発断念に向けた意味のある譲歩を示さない限り、対話に応じない」という姿勢だった。

なぜ、このタイミングで柔軟姿勢に転じたかと言えば、「文大統領がペンス氏に『北朝鮮が非核化に向けた具体的なステップを取らない限り、北朝鮮が経済的または外交上の利益を得ることはない』と保証した」（同紙）からのようだ。

米国には世論に配慮しなければならない事情もあった。もしも圧力一辺倒のまま、軍事攻撃という展開になれば、「なぜ最後まで対話を模索しなかったのか」という批判が出るのは避けられない。

だからこそ、あらかじめ「外交努力は十分に尽くした」という姿勢を示しておく必要があった。そもそも「最大限の圧力」とは、圧力のための圧力ではない。あくまで北朝鮮に核・ミサイル開発を断念させるための圧力だ。だから、もしも北朝鮮が対話によって変わる可能性があるなら、対話に応じるのは当然でもある。

ペンス発言は「北が方針転換する兆《きざ》しがあるのかどうか、それを見極めよう」という趣旨だったと見ていい。だが、北は動かない。逆に、動いたのは米国である。

トランプ大統領は二〇一八年二月二三日、オーストラリアのマルコム・ターンブル首相との会談後、記者会見で、「制裁が効かないなら我々は第二段階に進む。それは非常に手荒で、世界に不幸なものになるだろう」と述べた。ずばり「軍事攻撃」を示唆《しさ》したのである。会見に同席していたターンブル首相が大統領の「手荒発言」に驚いた様子をみじんも見せなかった点は注目に値する。二人の首脳は強硬方針を完全に共有していた。

この発言は、よほど正恩氏の肝《きも》を冷やしたのだろう。北朝鮮は直ちに反応した。平昌五輪の閉会式に出席するため韓国を訪問していた金英哲《キムヨンチョル》朝鮮労働党副委員長が二五日（時差の関係でトランプ発言の翌日）に、文大統領との会談で「米国と対話する十分な用意がある」と表明したのである。

金副委員長は韓国高官との会談でも、米国との対話を望む発言をしていた。トランプ大統領もホワイトハウスの会合で「適切な環境の下でなら、我々も対話を望んでいる。そうでなければ対話しない」と語っていた。にわかに対話の気運が芽生《めば》え始めていた。

ただし、北朝鮮の狙いがあくまで時間稼ぎにあったのは間違いない。なぜかといえば、核とミサイルが完成間近だったからだ。それは、トランプ大統領自身が一月の一般教書演説で明らかにしていた。大統領は「北朝鮮の核とミサイルは非常に近い将来、米国本土に脅威を及ぼす可能性がある」と語っていたのである。

もっと金正恩を追い詰めていれば

二〇一八年三月に入ると、なんとしても米国の軍事攻撃を避けたい北朝鮮は具体的に動き出した。工作の対象にしたのは韓国である。正恩氏は文大統領の特使として訪朝した韓国の鄭義溶《チョンウィヨン》国家安保室長らと会談した。鄭室長は三月六日、記者会見し、正恩氏と南北首脳会談の開催で合意した、と発表した。

南北首脳会談の開催だけでなく、正恩氏が「体制の安全が保証されれば、核を保有する理由がない」と述べたという部分は、注目に値する。「米国との対話の用意」や「対話が続く間の核実験やミサイル発射の凍結」も表明した。

金副委員長が二月二五日に「米国との対話の用意」を語ったのを見て、私は三月二日公開の『現代ビジネス』のコラムで、「次は『核とミサイル問題を対話のテーブルに乗せてもい い』と言い出すかもしれない」と予想した。予想は的中する。正恩氏は訪朝した韓国の鄭義溶国家安保室長ら二人の特使に「非核化の意思」を表明したのだ。これは、鄭室長らが帰国後の三月六日、記者会見し「南北首脳会談の開催合意」とともに発表した。

ただし、ここでの「非核化の意思」とは、韓国側の理解に過ぎない点に注意が必要だ。正恩氏が言ったことは、「体制の安全が保証されれば、核を保有する理由がない」という内容だった。これも韓国の発表である。そこは、ひとまず措《お》く。

私がなぜ「次は非核化を言い出すだろう」と予想したか。この時点で北朝鮮にとって最優先課題は米国の軍事攻撃を避ける点にある、と見たからだ。そのためには、非核化をちらつかせた対話カードがもっとも有効だった。

軍事攻撃を受けて、体制が崩壊したり、正恩氏自身が命を落とす事態になってしまっては元も子もない。それを避けるには非核化と対話カードしかなかったのだ。

日本では「北朝鮮が対話に動いたのは国連制裁が効いてきたからだ」というような解説が

もっともらしく流れていたが、そんな生易《なまやさ》しい話ではない。自分の命が惜しくなったからだ。それは、トランプ大統領が「制裁が効かないなら、次は非常に手荒なものになる」と発言した直後に、北朝鮮が対話に動き始めたという事実が物語っている。

ちなみに当時、複数の日本の軍事部門責任者たちと意見交換すると、彼らも私とまったく同じ見立てだった。

鄭室長らの記者会見で注目された点がもう一つある。北朝鮮が南北首脳会談の時期を「四月末」に設定した点である。それは核とミサイル開発と関係している。

先に触れたように、米国は一月時点で核とミサイルの完成時期を「非常に近い将来」と見ていた。北朝鮮には、南北首脳会談を四月末に設定し、それまで米国の軍事攻撃を思いとどまらせることができれば「なんとか完成にこぎつけられる」という思惑があったのだ。「四月末会談」という日程設定は、米国の推測の正しさを裏付けてもいた。

米朝対話を探る北朝鮮と米国、韓国の動きは三月八日、一挙に動く。トランプ大統領が訪米した鄭国家安保室長と会談し、鄭氏が米朝首脳会談を求める正恩氏のメッセージを伝えると、大統領はその場で首脳会談に応じる意向を表明したのだ。

その場にいた大統領側近たちはそろって、トランプ氏に慎重な判断を求めたが、大統領はこれを受け入れず、会談受け入れを即断即決した。これは英断だったのか、それとも勇み足だったのか。いまとなっては「勇み足」だったと言わざるを得ない。なぜかといえば、大統領はいったん首脳会談の中止を決断しただけでなく、六月一二日にシンガポールで首脳会談が開かれた後、北朝鮮は本気で非核化に取り組む姿勢を見せていないからだ。それは後で詳しく見ていく。

つまり、米国の目的である「北朝鮮の非核化」は実現しなかった。米朝交渉と非核化プロセスは首の皮一枚を残して続いている。だから「完全な失敗」と断言できないが、三月段階で首脳会談受け入れを決断する必要はなかった。もっと正恩氏を追い詰めてからでも遅くはなかったのである。

各国の最終目標を見極めたうえで

二〇一八年三月時点に話を戻そう。

鄭室長がトランプ大統領に語った正恩氏の伝言は「非核化の意思」や「核とミサイル実験の中止」「大統領との早期会談要請」、それに「米韓合同軍事演習を『理解する』」といった内容だった。これは鄭室長が「南北合意」として先に発表した内容とほとんど同じである。

トランプ大統領は五月までに米朝首脳会談を開くことに同意した。大統領が史上初の米朝首脳会談を受け入れたニュースは、世界中で驚きをもって迎えられた。日本では、対話路線への転換を手放しで歓迎する向きが多かった。だが、それはおめでた過ぎた。

私はこの時点で、会談がご破算になる可能性を見ていた。『夕刊フジ』の連載「ニュースの核心」というコラムでは、三月一四日付で「非核化の中身を詰めずに、いきなり首脳が対話すれば、暗礁《あんしょう》に乗り上げるのは必至だ。事務レベル協議で『北は結局、核を放棄する意思はない』と分かれば、会談自体がご破算になる可能性もある。そうなれば、対話カードは『時間稼ぎ』に使われただけになる」と指摘した。

これも、その通りになった。大統領が首脳会談をキャンセルしたのだ。

焦点の非核化について、中身はまったく詰められていなかった。それどころか、トランプ政権が目指す非核化と正恩氏が言ったとされる非核化は意味が違っていた。

トランプ政権が目指したのは「北朝鮮に核開発プログラムを放棄させ、完成した核兵器も廃棄させる」という非核化である。

ところが、北朝鮮が言う非核化とは「朝鮮半島の非核化」だった。つまり、北朝鮮だけではなく、南の韓国も非核化する。韓国の米軍基地に核兵器が残っていないかどうか、北朝鮮が検証し、最終的には、韓国に核兵器を持ち込めないように在韓米軍も撤退するという話だったのだ。

米国にとって、朝鮮戦争が法的に終結していない中、在韓米軍は、北朝鮮の突然の侵攻を食い止めるだけでなく、潜在的な脅威である中国とロシアに対する抑止力、という意味がある。だから、将来的にはいざ知らず、この時点での在韓米軍撤退は、到底、受け入れられない。

そんな「非核化の定義」を詰めていけば、米朝間の理解に決定的な違いがある以上、首脳会談がご破算になる可能性は十分にあった。

非核化をめぐる定義と朝鮮戦争の終結、それと裏腹の関係にある在韓米軍撤退問題は、その後、米朝交渉で大きな問題になる。だが、それはひとまず措く。ここで強調したいのは、関係国の最終目標を見極める点である。

北朝鮮の目標は金体制の維持と核・ミサイルの完成である。トランプ政権の目標は米国本土が北朝鮮に脅かされないようにすることだ。韓国は北との宥和《ゆうわ》、最終的には南北統一の実現である。そのためには米国の軍事攻撃回避が絶対条件になる。

各国の最終目標を見極めたうえで、いつどのようにホンネがむき出しになるのか、あるいは衝突を先延ばしする余地があるのか、を考える。それが将来予測の基本である。

金正恩が習近平に屈服した瞬間

二〇一八年五月中と設定された米朝首脳会談は実現までに紆余《うよ》曲折《きょくせつ》を辿《たど》っていった。

正恩氏は三月二五日から二八日まで中国を訪れ、習近平国家主席と初の中朝首脳会談を開いた。これは正恩氏の初外遊だったが、それまで中国と北朝鮮は関係が冷え切っていただけに、予想外の展開だった。なぜ、正恩氏は中国を訪問したのか。

謎を解く鍵は「どちらが首脳会談を求めたのか」という点にあった。

なぜかといえば、会談を受け入れた側より希望した側に、より強い動機と目的があるに決まっているからだ。『読売新聞』は三月二八日付夕刊で「(朝鮮中央通信によれば)訪中は北朝鮮側が提案し、中国が受け入れた」と報じていた。同紙の翌二九日付朝刊は「我々の訪問提案を快諾してくれた習近平国家主席に感謝している」という朝鮮中央通信が伝えた「正恩氏のあいさつ要旨」を紹介した。

会談を望んだのが北朝鮮側であるのは、これで間違いない。

ちなみに『朝日新聞』はどうだったかといえば、二八日付夕刊で中朝首脳会談の骨子として「金氏は、朝鮮半島情勢を知らせるため、習氏の訪中要請に応じたと説明」と、情報ソースを明示せずに、正反対の内容を報じていた。当事者である北朝鮮国営メディアが報じた内容と真逆を報じるとは、いったい、どうしたわけなのか。

それはともかく、なぜ正恩氏が中朝会談を望んだのだろうか。

答えは、米国の強硬姿勢がますます明白になったからだ。

トランプ大統領は米朝首脳会談を受け入れる一方、対話派と目されたレックス・ティラーソン国務長官を突然、更迭《こうてつ》し、中央情報局（CIA）長官を務めていた強硬派のマイク・ポンペオ氏に代えた。ハーバート・マクマスター大統領補佐官も更迭し、同じく強硬派のジョン・ボルトン元国連大使を後任に据えた。ボルトン氏は「机の上に信管を抜いた手榴弾を置いていた男」と評され、かつて正恩氏の斬首作戦も公言した超強硬派として知られていた。

正恩氏はこの人事を見て「米朝会談が不調に終われば、米国は軍事攻撃に踏み切るのではないか」と震え上がった。そのために、中国に頭を下げてでも冷え切った関係を修復し、中国を味方に付けて軍事攻撃を回避しようとしたのである。会談の模様を報じるテレビには、まるで先生を前にした生徒のように、必死になって習氏の発言メモをとる正恩氏の姿が映し出されていた。

中国は正恩氏を受け入れた。これは決定的な瞬間だった。中国が米朝交渉のど真ん中に登場したのである。中国は「北朝鮮の後見役」を果たす意思を世界に示した。これ以降、米朝交渉は中国を「第三の主役」として絡ませながら、複雑な展開を見せていく。

初の中朝首脳会談が三月二五〜二八日に開かれたのは偶然ではない。それは米国の対中制裁と絡んでいる。なぜなら米国は、その三日前の二二日に、知的財産権侵害を理由に、五〇〇億ドルの対中制裁関税を発表していたからだ。

中国には、軍事攻撃に怯《おび》えて逃げ込んできた正恩氏を抱きかかえれば、「正恩の保護者はオレだぞ。そんなオレと喧嘩できるのか」と、米国を牽制できるという計算があったに違いない。

中朝首脳会談で、正恩氏は米朝交渉に対する基本姿勢を初めて明らかにした。中国外務省は「正恩氏が述べた内容」を発表した。それは「韓国と米国が善意をもって我々の努力に応じ、平和と安定の雰囲気を作り出し、平和実現のために段階的で同時並行的な措《そ》置《ち》を取るならば、半島の非核化問題は解決に至ることが可能になるだろう」という内容だった。

言い換えると、正恩氏は「米国が在韓米軍を縮小、撤退させたり、米韓合同軍事演習を止めれば、北朝鮮も段階的に非核化の話し合いに応じる」という姿勢を示したのである。これは先に見たように、トランプ政権の基本姿勢とは相容《あいい》れない。中国の介入で米朝交渉の行方は不透明感が強くなった。だが、まだ序の口だった。

プライドはいまだ超大国のロシア

私は二〇一八年三月三〇日公開の『現代ビジネス』コラムで、「中国の次はロシアである。私は、正恩氏が次にプーチン大統領との会談を目指す、とみる」と書いた。これも、その通りになる。北朝鮮は中朝首脳会談を成功裏に終えると、ロシアとの会談を目指した。

北朝鮮とロシアの関係は、実は中国よりも深い。それは建国当時に遡る。北朝鮮という国を建国したのは、旧ソ連なのだ。

米国の著名ジャーナリスト、故デイヴィッド・ハルバースタムの著書『ザ・コールデスト・ウインター　朝鮮戦争』（文藝春秋、二〇〇九年）によれば、北朝鮮の建国の父とされる金日成《キムイルソン》は「ソ連軍の秘密大隊、第八八特別狙撃旅団の一員」「徹頭徹尾ソ連軍兵士であり、事実上のソ連市民」だった。大戦で日本が降伏した後、同旅団は赤軍の朝鮮人部隊として平壌に進駐し、金日成は、平壌市内で初めて目撃された一九四五年九月下旬ごろ「赤軍少佐の軍服を着ていた」と記されている。

いまでこそ、ロシアは経済規模で中国の約八分の一になってしまったが、北朝鮮建国当時の中国はソ連の子分のようなものだった。毛沢東《もうたくとう》にとって、スターリンは仰《あお》ぎ見る共産革命の父であり、兄だったのである。

だから、ロシアは「いまは中国がでかい顔をしているが、本来はオレたちこそが北朝鮮の正統な後見人なのだ」という意識を捨てきれない。

そんなロシアに、北朝鮮は四月、李容浩《リヨンホ》外相を派遣した。李外相はアゼルバイジャンでの国際会議に出席した後、四月九〜一〇日にロシアを訪問した。ロ朝外相会談は「事態の平和解決を目指す方針で一致した」という以外、詳しい内容は明らかになっていないが、北朝鮮がロシアの支援を求めたのは間違いない。

セルゲイ・ラブロフ外相は、ロ朝首脳会談の可能性について外相会談で言及している。ただ、このときロ朝首脳会談は具体的に決まらなかった。ロシアはラブロフ外相を五月三一日に北朝鮮に派遣した。プーチン氏は「まだオレの出番ではない」と情勢を見計らっていたのだろう。

すると六月一二日にシンガポールで開かれた米朝首脳会談の後、プーチン大統領は、訪ロした金永南《キムヨンナム》最高人民会議常任委員長（北朝鮮の形式的な国家元首）に「正恩氏をロシアに招待する」と伝えた。中国の習主席が会ったからといって、あわてて自分も会ったりしない。このあたりがプーチン氏らしかった。国は衰えたりといえども、プライドはいまだに超大国の面影を残しているのだ。

シリア空爆は北朝鮮に対する警告

北朝鮮が中国、ロシアと活発な根回しに動く中、日本も動く。安倍首相は四月一七日、米国フロリダ州にあるトランプ大統領の別荘を訪ねて、大統領と会談した。両者は「最大限の圧力」を維持し「完全で検証可能、不可逆的な非核化（ＣＶＩＤ）」を目指す方針を確認した。

トランプ氏は会談後の記者会見で「極めて高いレベルによる北朝鮮との協議」をしていると明らかにした。中身は米メディアが報じた。ポンペオ中央情報局（ＣＩＡ）長官が三月末から四月一日にかけて訪朝し、金正恩朝鮮労働党委員長本人と会談していたのである。

ポンペオＣＩＡ長官は、その後四月二六日に国務長官に就任している。大統領の「側近中の側近」の訪朝が何を意味していたか。大統領はこの時点で「米朝首脳会談の中止もありうる」と語る一方、「彼ら（北朝鮮側）は米国を尊敬している」とも語り、先行きに楽観的だった。

北朝鮮の言う「段階的で同時並行的な非核化」は米国の求める非核化とは異なる。それでも、なぜ両者は衝突しなかったのか。理由は、トランプ政権の強硬姿勢にあった。米国がシリアを空爆したのだ。

北朝鮮の李外相がモスクワでロシアのラブロフ外相と会った直後の四月一四日、米国は「シリア政府軍が市民に対して化学兵器を使用した」という理由で突然、シリアを巡航ミサイルで空爆した。これは、北朝鮮に対する警告だった。

ロシアはシリアのバッシャール・アサド政権を支援している。アサド政権の政府軍を空爆したのは、「北朝鮮がロシアを味方につけたとしても、やるときはやるぞ」というトランプ政権の強いメッセージだったのだ。

トランプ氏は「首脳会談の中止もありうる」と述べるとともに、実際に軍事力も行使してみせた。この局面では、トランプ政権が正恩氏を押しまくっていたのである。すると、正恩氏はどうしたか。再び、中国に助けを求めたのだ。

大連に命乞いに行った金正恩

正恩氏は五月七～八日の両日、中国の大連に飛び、同地を訪問中だった習近平国家主席と二度目の中朝首脳会談を開いた。同じタイミングで、トランプ大統領はイランとの核合意破棄を発表した。弱気になった正恩氏の動揺とトランプ氏の強気を見事に象徴している。

まず、正恩氏だ。一ヵ月半前に会ったばかりの習主席とまた会って、話さなければならない内容とはなんだったのか。それは「トランプに脅されまくっている。どうしたらいいか」という命乞《いのちご》いの相談以外にはあり得ない。

三月末の最初の中朝首脳会談には、米国に軍事攻撃をチラつかされる中、冷え切った中朝関係を修復し、なんとか中国を味方に付けようという狙いがあった。このときはさらに一歩進んで、「いよいよ脅されている。助けてくれ」という、なりふり構わぬ命乞いだった。

正恩氏の必死さは大連という場所ににじみ出ている。習氏はもともと新型空母の視察で大連を訪れる予定だった。そこに正恩氏が強引に割って入ったのだ。

トランプ政権がイラン核合意からの離脱に込めたメッセージも明白だった。「イランも北朝鮮も同じだ。秘密裏に核開発を続けているなら、オレは黙っちゃいないぞ」という話である。イランも北朝鮮同様、秘密裏に核開発を続けていたのだ。

バラク・オバマ政権時代の二〇一五年、米英仏独ロ中の六ヵ国とイランが結んだ核合意は、兵器用プルトニウムを一五年間は生産せず、遠心分離機の数も一〇年間は六一〇四基に制限する内容だった。だが、これは「期間限定の合意」に過ぎない。一五年が過ぎれば、元《もと》の木阿弥《もくあみ》になる可能性があった。

トランプ氏がこのタイミングで合意を破棄したのは、北朝鮮と「いい加減な合意は結ばない」という意思表示だった。そうであれば、この先はどうなるのか。北朝鮮に強硬姿勢で臨み「要求に応じなければ、首脳会談の中止もありうる」という最後通告である。

私は五月一一日公開の『現代ビジネス』コラムで、もう一度「トランプ氏は首脳会談を壊す可能性が出てきた」と書いた。「会談がセットされたとしても、本番では大統領が席を立って、少なくとも最初の一回は破談にする可能性がある」と踏み込んだ。それから二週間後、現実になる。

ホワイトハウスは五月二四日、米朝首脳会談の中止を発表した。このニュースは日本で多くのマスコミを面食《めんく》らわせた。とりわけ「圧力より対話を」と叫んでいた左派マスコミがそうだった。彼らは「大統領が事前に『大成功』と宣伝したのだから、メンツにかけて交渉をまとめるはずだ」とか、「首脳会談を開くなら、成功させる以外にない」などと解説していた。ピンぼけというほかはない。

米朝交渉は米中関係と表裏一体で

ポンペオ国務長官は三日前の五月二一日、イランに「史上最強の制裁」を科す方針を発表していた。北朝鮮に対しても、同じような強硬姿勢で臨む兆候があった。

一方、北朝鮮は強腰姿勢に変わっていた。金《キム》桂《ゲ》寛《グァン》第一外務次官は五月一六日、米国が北朝鮮に核兵器の放棄を一方的に要求するなら、米朝首脳会談の開催を「再考しなければならない」という談話を発表した。次いで、崔《チェ》善《ソン》姫《ヒ》外務次官も二四日、「米国が我々の善意を冒《ぼう》瀆《とく》し、不法、非道に振る舞い続けるなら、朝米首脳会談を再考する問題を最高指導者に提起しなければならない」との談話を発表した。

とくに、崔次官はペンス副大統領を名指しして「政治的なまぬけ、愚か者」と非難していた。ペンス氏は米メディアに、北朝鮮が非核化に応じなければ「（独裁体制が崩壊した）リビアのように終わるかもしれない」と発言していた。崔氏はそれを「許容できない、厚かましい発言だ」といきり立ってみせたのである。

そんな経緯を材料に、日本では「トランプ氏は腹心の副大統領が、格下の外務次官に罵倒《ばとう》されたので容認できなかったのだ」という解説がしきりに流れた。だが、それはまったく表面的だ。舞台裏で暗躍していたのは中国である。

それは、トランプ氏自身の発言に表れている。大統領は五月二二日、ホワイトハウスで韓国の文大統領と会談した後、記者会見で習近平氏について「ワールドクラスのポーカー・プレーヤー」と評していた。同時に、正恩氏についても「(大連での二回目の中朝首脳会談の後)少し変わった」と述べていた。

つまりトランプ氏は、「中国が北朝鮮に対して、対米交渉に強腰で臨むようそそのかしたのではないか」と示唆したのである。大連会談の直後、北朝鮮は拘束していた米国人三人を解放しているにもかかわらず、その後、外務次官らが強硬発言を繰り返したからだ。

トランプ氏の見立てが正しいとすれば、なぜ中国は北朝鮮に強腰を促したのか。容易に推察できるのは、中国は米朝関係が緊張すればするほど、仲介者として自分の存在感と役割が高まるからだ。それは中国の影響力拡大につながる。

正恩氏は二度にわたって訪中し、中国に助けを求めていた。大連会談で正恩氏に同行した妹の金与正《キムヨジョン》氏は、習氏に深々と最敬礼のお辞儀をしてみせた。中国の出番は用意されつつあった。

もっと大きな理由は、米中間で貿易戦争が勃発《ぼっぱつ》しかかっていたからだ。

トランプ政権は三月二二日、知的財産権の侵害を理由に総額五〇〇億ドル規模の対中関税引き上げ方針を決めた。それとは別に、中国産の鉄鋼とアルミニウムにも高関税を課した。すると中国は四月二日、米国産の豚肉やワインなどに最大二五％の報復関税を上乗せして対抗した。本格的な米中貿易戦争が始まる寸前だったのだ。

どうなるかと世界が見守る中、米国のスティーブン・ムニューシン財務長官は、米中通商協議後の五月二〇日、一転して対中関税引き上げを保留する考えを表明した。すると、中国も国営メディアが輸入拡大を宣伝し始め、貿易戦争は一時、休戦状態になった。

日付を確認しよう。三月二二日に米国が対中関税引き上げ方針を発表した後、最初の中朝首脳会談が同二五〜二八日に北京で開かれ、次いで二回目の中朝首脳会談が五月七、八両日に大連で開かれた。すると、北朝鮮は強硬姿勢に転換し、同二〇日に米国が対中関税引き上げを棚上げしたのである。

中国は北朝鮮に強硬姿勢を促して、米中貿易戦争を有利に展開しようとした可能性が高い。自分が強硬姿勢をそそのかす一方で、「強気になった北朝鮮を制御したいなら、我々と喧嘩するのは得策ではないぞ」というサインを米国に送ったのだ。

米国は結局、中国との貿易戦争を棚上げせざるを得なくなった。北朝鮮との交渉で中国を敵に回さないためだ。トランプ氏が五月二二日の会見で、習氏を「ワールドクラスのポーカー・プレーヤー」と評価したのは、そういう事情からである。

このころから、非核化をめぐる米朝交渉は米中関係と表裏一体で進行していくようになる。経過は次章で見ていくが、その前に、米国がいったんキャンセルした米朝首脳会談が復活していく経過を確認しておきたい。トランプ氏の交渉術がよく分かるからだ。

交渉で一人二役を演じるトランプ

トランプ大統領が米朝首脳会談の中止を発表すると、北朝鮮は大慌てで米国の懐柔に走った。金第一外務次官は直ちに「一方的な中止は思いがけないことで、極めて遺憾。我々の目標と意思には変わりはなく、開かれた心で米国に時間と機会を与える。いつでも、いかなる方式でも、向かい合って問題を解決する用意がある」という談話を発表した。

次いで、六月一日には金英哲《キムヨンチョル》朝鮮労働党副委員長を米国に派遣し、ポンペオ国務長官やトランプ大統領と面会させて翻意《ほんい》を促した。その際、金氏はホワイトハウスのオーバルオフィス（大統領執務室）で、正恩氏の親書を大統領に直接、手渡した。その結果、六月一二日の首脳会談開催が決まった。大統領は正恩氏の「謝罪」を受け入れたのだ。ここまでは、トランプ氏の勝利だった。

私は、トランプ氏の交渉術を「コワモテ（強面）」と「ヤサガタ（優形）」の一人二役の使い分けと見ている。それは、交渉経過に示されていた。まず、米朝首脳会談を持ちかけたのはだれだったか。金正恩氏だ。米国の軍事攻撃を恐れたからだ。つまり「コワモテ」が功を奏した。

大統領は韓国の特使から首脳会談開催を望む正恩氏の意向を聞くと、側近たちの懸念を振り払って、その場で会談を応諾《おうだく》した。「ヤサガタ」に変身したのだ。ところが、ペンス副大統領の「非核化に応じなければ、リビアのようになる」という発言に反発して、北朝鮮が会談再考をほのめかすと、直ちに「中止」を発表する。再び「コワモテ」である。

狼狽《ろうばい》した北朝鮮が恭順の意を示すために、金英哲副委員長をワシントンに派遣すると、大統領は優しく頭を撫でるように首脳会談を復活させた。それだけでなく「（非核化を）急がなくてもいい」とか「最大限の圧力という言葉は使いたくない」とまで言った。またまた「ヤサガタ」に変わったのだ。会談復活は「出たとこ勝負」ではない。

トランプ氏は自ら認めたように、正恩氏の親書を読む前から、会談を応諾している。ポンペオ国務長官は金副委員長の歓迎夕食会を開き、大統領は金氏の見送りもしている。つまり、初めから「ヤサガタで行く」と決めていたのだ。

大統領はそうやって一人二役を演じながら、交渉の主導権を握ろうとしていた。「怒った」と思ったら、次の瞬間、微笑んでみせ、相手を翻弄《ほんろう》しながら、いつの間にか自分のペースに引き込んでいく。そんな手法がトランプ氏の交渉術だった。

このような交渉術は、ほとんどビジネスでの交渉と同じだろう。トランプ氏は不動産業で培った交渉術を、外交交渉でも、遺憾なく発揮していたのである。

第七章　米中「新冷戦」の帰趨を読む技術

北朝鮮への軍事圧力を弱めたため

トランプ大統領は二〇一八年六月一二日、シンガポールで金正恩朝鮮労働党委員長と会談した。史上初の米朝首脳会談だった。その結果は、両者が発表した共同声明に集約されている。主な内容は次の通りである。

〈トランプ大統領は北朝鮮に安全の保証を与えることを約束し、金委員長は朝鮮半島の完全非核化への確固で揺るぎのない約束を再確認した。

新たな米朝関係の確立が、朝鮮半島と世界の平和と繁栄に寄与すると確信し、相互の信頼醸成によって朝鮮半島の非核化を促進できることを認識し、トランプ大統領と金委員長は次のことを言明する。

一　米国と北朝鮮は、両国民が平和と繁栄を切望していることに応じ、新たな米朝関係を確立すると約束する

二　米国と北朝鮮は、朝鮮半島において持続的で安定した平和体制を築くため共に努力する

三　二〇一八年四月二七日の「板門店宣言《パンムンジョム》」を再確認し、北朝鮮は朝鮮半島における完

全非核化に向けて努力すると約束する

四　米国と北朝鮮は（朝鮮戦争の米国人）捕虜や行方不明兵士の遺骨の収集を約束する。これには身元特定済みの遺骨の即時返還も含まれる〉

世界が注目した最大のポイントは「北朝鮮が具体的に非核化を約束するかどうか」だった。「非核化」という言葉自体は正恩氏の伝言という形で、韓国の特使がすでに大統領に伝えていた。会談がキャンセルされた後も、北朝鮮メディアは「我々の目標と意思に変わりはない」と伝えていた。トランプ氏が首脳会談の開催に同意したのも、訪米した金英哲朝鮮労働党副委員長が非核化への意思をあらためて明確にしたからにほかならない。

であれば、次の焦点は「いったい、いつ非核化するのか」という具体的な日程と手順だったのは、当然だ。だが、期待は裏切られた。共同声明には、日程も手順も盛り込まれなかった。米国が強調していた「完全で検証可能、不可逆的な非核化（ＣＶＩＤ）」という言葉もなかった。この一点を見ても、会談は失敗と言える。

懸念材料は、ほかにもあった。

一つは「朝鮮半島の完全非核化」という言葉が盛り込まれた点だ。先に見たように、北朝鮮は自国だけでなく、韓国の非核化も要求する立場に基づいて「半島の非核化」と言っていた。共同声明は北朝鮮の言い分をそのまま認めた形になったのだ。

次に「『板門店宣言』を再確認」するとの内容も盛り込まれた。日本から見ると、こちらのほうがインパクトが大きい。なぜかといえば、板門店宣言が実行されれば、朝鮮戦争が正式に終結し、在韓米軍の撤退につながりかねないからである。

さらに、トランプ大統領は記者会見で、米韓合同軍事演習を中止する方針を明らかにした。大統領は「交渉が順調に進んでいる間は戦争ゲームをしない。莫大《ばくだい》なカネがかかる。(北朝鮮に対して)非常に挑発的だ」と語った。初の米朝首脳会談は、全体として「トランプ氏の敗北」と言ってもいい結果に終わった。以下、詳しく見ていく。

まず、非核化の日程と手順である。これがもっとも重要なのは言うまでもないが、共同声明は最後のほうで「米朝首脳会談の成果を履行《りこう》するため、米国と北朝鮮はマイク・ポンペオ米国務長官と北朝鮮の担当高官が主導して、できるだけ早い日程でさらなる交渉を行うと約束する」と盛り込んだだけだった。

その後、高官による協議は進展しなかった。トランプ氏は首脳会談後、「非核化はすぐにも始まる」と述べていたが、楽観的に過ぎたと言わざるを得ない。

最大の理由は米韓合同軍事演習を中止し「最大限の圧力」を緩めてしまった点にある。正恩氏が対話を求めたのは、軍事圧力が効いて自分の命が危うくなったからだ。肝心《かんじん》の軍事圧力を緩めてしまえば、北朝鮮が「時間稼ぎ」に戻るのは目に見えている。トランプ氏は「交渉はこれから」という局面で、肝心の軍事圧力を弱めてしまった。それが失敗の根本的な原因である。

米国の肉を切らせて骨を断つ作戦

「板門店宣言の再確認」も見逃せない。板門店宣言とは何か。

韓国の文在寅大統領と北朝鮮の金正恩朝鮮労働党委員長は二〇一八年四月二七日、南北朝鮮の境界にある板門店で会談し「朝鮮半島の平和と繁栄、統一のための板門店宣言」を発表した。南北が五月一日から軍事境界線一帯で「あらゆる敵対行為を中止し、（中略）今後、非武装地帯を実質的な平和地帯にしていく」としたうえで、宣言は次のように記している。

〈南北は、軍事的緊張が解消され、互いの軍事的信頼が実質的に構築されるのに伴い、段階的に軍縮を実現していくことにした〉

〈南北は、休戦協定締結六五年になる今年中に終戦を宣言し、休戦協定を平和協定に転換し、恒久的で強固な平和体制構築のための南北米三者または南北米中四者の会談開催を積極的に推進していくことにした〉

〈南北は、完全な非核化を通じて核のない朝鮮半島を実現するという共同の目標を確認した〉

ここにある「核のない朝鮮半島を実現する」という表現は、米朝首脳会談にも引き継がれている。北朝鮮の非核化ではなく「朝鮮半島、すなわち南北朝鮮の非核化」という考え方が「板門店宣言の再確認」という形で採用されたのである。

トランプ大統領は、訪朝したポンペオ国務長官が五月一〇日、北朝鮮に拘束されていた三人の米国人を連れて帰国した際に、「もっとも誇らしい成果は、これ（注：米国人の帰国）もその一部だが、半島全体の非核化を達成したときだろう」と語っていた。

つまり、六月一二日の米朝首脳会談より前の五月の段階で、大統領は早くも「半島の非核化」というコンセプトを受け入れていた。妥協は早い段階から始まっていたのだ。

もっとも、この妥協は深謀遠慮に基づく判断だった可能性もある。第六章で見たように、米国はブッシュ（父）政権時代の一九九一年に韓国から核兵器を撤去している。したがって「半島の非核化」が「南北朝鮮に核がない状態」を意味するのであれば、すでに韓国に核はないのだから、あとは北朝鮮が非核化すればいい、という話になる。

米国が「半島の非核化」コンセプトを認めるなら、北朝鮮は「それならオレたちに韓国の米軍基地を査察させよ」と言い出すだろう。実際、北朝鮮は一九九一年一二月、南北非核化共同宣言を採択した際、米軍基地に対する査察を要求した。板門店宣言にも「南北双方による核査察」が盛り込まれている。

米国は北朝鮮による米軍基地査察を認めるのだろうか――。

私は、認める可能性があると見る。北朝鮮が半島の非核化に同意したうえで、米国が北朝鮮の査察を認めると、北朝鮮は否《いや》が応《おう》でも、米国や国際原子力機関（ＩＡＥＡ）の査察に応じざるを得なくなるからだ。いわば「肉を切らせて骨を断つ」作戦である。

逆に、認めないとどうなるか。北朝鮮は「査察を認めないなら『米国はすでに核を撤去した』という話は信用できない。それなら米軍基地自体を撤去せよ」と言い出すに違いない。つまり、逆に北朝鮮が「肉を切らせないなら骨を断て」と言いかねないのだ。

以上のような展開を見越したうえで、トランプ政権は「半島の非核化」を受け入れたのかもしれない。ここで妥協しておけば「やがて北朝鮮は身動きが取れなくなる」という計算に基づいていた可能性はある。

戦争は武力による戦いだが、外交は論理の戦いである。米国はいったん妥協したかに見えても、次の一手次第で交渉の先行きがガラリと変わってしまうかもしれない。外から観察する側からは、表面的な動きだけを追っていても、真相は見えない。戦いの背後にある双方の論理を読む。これは明日を予測するうえで不可欠の技術である。

北朝鮮の「ダメ押しの一手」とは

板門店宣言には、北朝鮮から見た「ダメ押しの一手」も含まれていた。朝鮮戦争（一九五〇～五三年）の終結である。宣言には「南北は今年中に終戦を宣言し、休戦協定を平和協定に転換し、恒久的で強固な平和体制構築のための南北米三者または南北米中四者の会談開催を積極的に推進していく」とある。

朝鮮戦争はいま休戦中に過ぎず、終結には至っていない。一九五三年七月、休戦協定に署名したのは、朝鮮戦争を戦った北朝鮮＋中国人民志願軍の代表と米国を中心とする国連軍の代表、それに国連軍、中国、北朝鮮の司令官の五人だった。

南北朝鮮は二〇一八年中に終戦を宣言して、平和協定の締結を目指した。平和協定が結ばれると、何が起きるか。直ちに在韓米軍の撤退問題が浮上する。なぜか。米軍が韓国に駐留しているのは、北朝鮮による突然の侵攻に備えるためだ。だが戦争が終わってしまえば、その必要性がなくなってしまう。北朝鮮はまさに在韓米軍を韓国から追い出すために、朝鮮戦争の終結を目指していた。

韓国の文大統領は北朝鮮のそんな思惑を十分に承知しながら、板門店宣言に署名した。宣言の前文には、こう書かれている。

〈大韓民国の文在寅大統領と朝鮮民主主義人民共和国の金正恩国務委員長（朝鮮労働党委員長）は平和と繁栄、統一を念願する全民族の一致した思いを込め、朝鮮半島で歴史的な転換が起こっている意義深い時期に、二〇一八年四月二七日、板門店平和の家で南北首脳会談を行った〉

〈両首脳は、朝鮮半島にこれ以上戦争はなく、新しい平和の時代が開かれたことを八〇〇〇万のわが民族と全世界に厳粛に宣明した〉

〈両首脳は冷戦の産物である長い間の分断と対決を一日も早く終息させ、民族の和解と平和繁栄の新たな時代を果敢に開いていき、南北関係をより積極的に改善し発展させていかなければならないという確固たる意志を込め、歴史の地、板門店で次のように宣言した〉

朝鮮半島統一の裏側には「在韓米軍の撤退」という狙いが潜んでいた。それは北朝鮮だけではない。韓国も「朝鮮半島統一は米軍撤退問題に直結する」と十分に認識したうえで、板門店宣言に署名した点が重要だ。それは、ほかならぬ文大統領の側近である文正仁《ムンジョンイン》統一外交安保特別補佐官が米外交誌の『フォーリン・アフェアーズ』に発表した論文で明らかだった。

文特別補佐官は論文で「平和協定が結ばれたら、在韓米軍の存在を正当化するのは難しくなり、文政権は政治的ジレンマに陥る」と指摘した。つまり「南と北は戦わず、仲良くするのだから、米軍基地はもう必要ない」という話である。

論文がマスコミで報道されると、文大統領は「在韓米軍は米韓同盟の問題であり、平和協定とは関係ない」と大慌てで火消しに走った。だが、大統領の言い分には説得力がない。

米韓同盟の根拠である米韓相互防衛条約は一九五三年一〇月、朝鮮戦争の休戦を受けて締結されたのだから、平和協定が結ばれたら、同盟の存在意義を見直さざるを得なくなるのは自明である。そうなれば、米韓同盟の下で駐留している在韓米軍の存在も見直すはめになるのは、論理的帰結だった。

ただ、平和協定を結べば、北朝鮮の脅威はなくなるのだろうか。私は、なくならないと見る。次は統一に向かって、主導権争いが起きるだろう。韓国の『中央日報』は二〇一八年五月二九日、興味深い記事を伝えている。

元在韓米軍司令官が「核力量と莫大な兵力を持つ北朝鮮が非武装地帯の前にいる状況で、米軍が離れて南北間にニセの平和協定が締結される場合、北朝鮮は理念浸透や軍事攻撃を通じて韓国を占領するだろう」と警告したのだ。

非核化問題の裏にある最重要課題

さらに、在韓米軍は「北朝鮮に対する抑止力」というだけではない。米国にとっては、中国とロシアの脅威に対抗する前線基地でもある。米軍は朝鮮半島の基地から中国やロシアの動向を監視、警戒している。

トランプ大統領は米朝首脳会談後の記者会見で「私は在韓米軍を撤退させたい」という考えを述べた。大統領選では、海外の米軍基地負担の大きさに不満も語っていた。であれば、将来的に駐留米軍の規模縮小はありうるだろう。だが、基地の丸ごと撤収は考えにくい。米国がもっとも警戒している中国に対する「戦略的敗北」に等しいからだ。

中国の脅威が増大している現状で在韓米軍が撤退すれば、「朝鮮半島を含めた東アジア全体は中国の縄張り」と米国が容認した形になってしまう。トランプ政権はそんな事態を望んでいるだろうか。私は望んでいない、と見る。この点は後で詳しく触れる。

また、文政権が北朝鮮になびいているのは明らかとしても、韓国が未来永劫《えいごう》、北朝鮮や中国に寄り添っていくつもりなのかといえば、必ずしもそうとは言えない。

中国やソ連、日本海を隔てた日本に囲まれた韓国は、歴史的に隣国の顔色を見ながら、その時々でもっとも勢いのある国に近づくことで生き延びてきた。清《しん》の時代までは、一貫して中国に朝貢する冊封《さくほう》国家として生き、日本が日清戦争で清に勝利すると、日本に近づいた。文大統領の「在韓米軍は米韓同盟の問題であり、平和協定とは関係ない」という言い分も、その本質は「米国にも北朝鮮にも中国にもいい顔をしたい」という思惑に過ぎない。

日本にとって、南北統一とその先にある米軍撤退問題は安全保障上の最重要課題である。文政権の下で南北が統一され、在韓米軍が撤退することは、日本にどういう意味があるのか。それは「赤い朝鮮半島が日本を脅かす」事態だ。赤く統一された反日国家が隣に誕生し、日本と隔てるのは対馬《つしま》海峡しかなくなってしまうのである。

中国と北朝鮮が影響力を持つ「赤い朝鮮半島」、さらに、潜在的にはロシアも日本に立ち向かう。東アジアのパワーバランスが根本から変わってしまう「戦後最大の危機シナリオ」である。そんな事態になれば、日本はどうやって三国の脅威に対抗するのか。

実は、これこそが非核化問題の裏側にある、もう一つの最重要課題なのだ。

第五章で見たように、日本は単独で中国と北朝鮮の脅威に対抗できない。加えて、反日的な韓国と北朝鮮が一緒になって「赤い朝鮮半島」が誕生したら、日本に対する脅威はさらに増す。しかも、在韓米軍が撤退するとなったら、日本はどうするのか。

答えは明白である。米国との同盟を一層、強化して対抗する。さらに日本自身も防衛力を一段と強化する以外に道はない。攻撃を抑止するためには「敵基地反撃能力」を備える必要もある。自分を守るには、まず自分自身が備えを強化するのは当然である。

米朝交渉の中心にある拉致問題

日本の拉致問題についても触れておこう。

安倍政権がトランプ大統領に日本人拉致問題の解決を強く訴えてきたのは、ご承知のとおりだ。米朝首脳会談で日本人拉致問題はどのように扱われたのか。結論を先に言えば、米朝首脳会談によって、拉致問題は、米朝交渉のど真ん中に位置付けられた。これは画期的な成果だった。どういうことか。

それを理解するには、米朝交渉の構造を考えなければならない。米朝交渉の入り口は何かといえば、北朝鮮の核・ミサイルの廃棄である。一方、出口は何か。それは北朝鮮に対する国連制裁の解除と経済支援である。要するに、カネだ。

北朝鮮から見れば、最後の出口でカネを手にしないで、入り口で核・ミサイルを廃棄してしまうような交渉はあり得ない。そうなったら、完全に負けだ。核とミサイルを廃棄する見返りに、カネが入るという期待があるからこそ、交渉に取り組むのである。

そこで、二〇一八年六月の米朝首脳会談で何が話し合われたか。トランプ大統領は会談後の記者会見で、非核化の経費について「韓国と日本が大規模な支援をするだろう。米国が負担する必要はない」と語った。それより前、ホワイトハウスで金英哲朝鮮労働党副委員長と会談した後の会見では、非核化の見返りになる経済支援について、米国の資金拠出を否定した。そのうえで、「中国と韓国、日本」を名指しし、協力を求める考えを明らかにした。

つまり「米国はカネを出さない。出すのは日本と韓国（それに中国）だ」という考えで一貫している。

一方、拉致問題について、大統領は首脳会談後の記者会見で「日本人拉致問題を提起した」と語った。会見では、それ以上、具体的なやりとりは明かされなかった。だが、六月一四日付の『産経新聞』は次のように報じている。

〈米朝首脳会談で、トランプ氏は「完全な非核化を実現すれば経済制裁は解くが、本格的な経済支援を受けたいならば日本と協議するしかない」との旨を金氏に説明。その上で「安倍首相は拉致問題を解決しない限り、支援には応じない」と述べたとされる。この説明を受け、金氏は、安倍首相との会談に前向きな姿勢を示したという。会談中に北朝鮮側は「拉致問題は解決済み」という従来の見解は一度も示さなかったという〉

つまり、トランプ大統領は「カネが欲しいなら日本と協議しろ。ただし、安倍首相は『拉致問題が解決しない限り、カネは出さない』と言っているぞ」とはっきりと正恩氏に告げたのである。これは、核心に迫る記事だった。

北朝鮮は核・ミサイルを廃棄する見返りにカネが欲しい。カネが手に入らなければ、そもそも核・ミサイルを廃棄する理由がない。だが、肝心《かんじん》のカネがどこから来るのかと言えば、米国からは来ない。出すのは日本と韓国、それに中国である。その中で、経済が思わしくない韓国や中国の実情を踏まえれば、もっとも期待できるのは、実は日本なのだ。北朝鮮は中国の属国になることを潜在的に嫌っているという事情もある。

その日本は「拉致問題が解決しない限り、カネを出さない」ことをトランプ氏は明確に正恩氏に告げた。すなわち、拉致問題が交渉全体の構図の、ど真ん中に据えられたことを意味している。

これは、現段階で望みうる最高の成果だったと言って間違いない。

野党や左派マスコミは「圧力一辺倒の日本は蚊帳《かや》の外に置かれた」などと批判を繰り返した。的外れもいいところである。蚊帳の外どころか、交渉のど真ん中に躍り出たのだ。

野党や左派マスコミは表面的な動きしか見ていない。肝心な交渉のロジックをまったく理解していないから、トンチンカンな批判を繰り返す実例だった。

北朝鮮の戦術にはまったトランプ

さて、歴史的な米朝首脳会談の後、交渉は停滞してしまった。北朝鮮が、またまた強気の姿勢に転じたからだ。米朝の高官による協議が開かれたのは、首脳会談から一ヵ月近くも経った七月六、七日。だが、非核化の日程も手順も決まらなかった。

米側代表を務めたポンペオ国務長官は「ほとんどすべての主要な問題で進展があった」と成果を誇ったが、合意した中身といえば、非核化を検証する作業グループの設置くらいである。

それも米朝共同ではない。米国が設置しただけだ。したがって、北朝鮮側の作業が進む保証はまったくなかった。

それどころか、北朝鮮国営メディアの朝鮮中央通信は「米国はＣＶＩＤ（完全で検証可能、不可逆的な非核化）だの、申告だの、検証だのといって、一方的で強盗さながらの非核化要求を持ち出した。遺憾極まりない。我々の非核化意思が揺さぶられかねない危険な局面に直面している」という外務省報道官談話を伝えた。

トランプ政権はシンガポールでの首脳会談を受けて、北朝鮮側が核開発の実態を自主的に申告し、それを基に米国や国際原子力機関（ＩＡＥＡ）が検証する手順を想定していた。協議はその手順を決める場という位置づけだったはずだ。

ところが、北朝鮮は中告にも検証にも応じるつもりがない。先の談話によれば、彼らが議論しようとしたのは米朝関係の改善と朝鮮戦争の終結宣言、大陸間弾道ミサイル（ＩＣＢＭ）のエンジン試験場廃棄問題、それに米兵の遺骨発掘問題である。肝心《かんじん》の非核化は、完全に脇へ追いやられようとしていた。

一言で言えば、トランプ政権は北朝鮮が得意とする「譲歩小出しの引き延ばし戦術」にはまってしまった。

それはなぜか。一つは、大統領が首脳会談を「大成功」と宣伝してしまったために失敗とは言いにくい。それで成果を過大宣伝する。北朝鮮のずる賢さもある。報道官談話は「強盗さながら」と米国を非難しながら、トランプ氏個人については「我々はトランプ大統領に対する信頼心をいまもそのまま持っている」と評価した。これで、大統領は面と向かって北朝鮮を非難しにくくなった。

トランプ氏はポンペオ氏の前任だったティラーソン国務長官をはじめ、多くの側近を情け容赦なく更迭してきた。そんな展開を見て、北朝鮮は「大統領さえ敵に回さなければ、側近をいくら批判しても大丈夫」と見切っていたのだろう。

北朝鮮を強腰にさせた最大の理由

北朝鮮が強硬姿勢に転じたのは、もっと根本的な理由もある。中国との関係である。米朝交渉は米中関係と密接に連動している。前章で指摘したように、シンガポール会談の前、北朝鮮が一時、会談の再考をほのめかして強気になったのは、米国から貿易戦争を仕掛けられた中国を味方に付けたからだ。中国は「強気で行け」とそそのかした可能性もある。トランプ大統領は結局、中国を敵に回すのを避けて、いったん五〇〇億ドルの中国製品に二五%の制裁関税を課す方針を棚上げせざるを得なかった。

北朝鮮の強気発言に怒った大統領が会談中止を発表すると、北朝鮮が慌てて頭を下げたので、なんとか会談が実現したのは、前章で見たとおりだ。では、シンガポール会談後、何が起きたか。今度は、トランプ大統領が中国への強硬姿勢に転じたのである。

大統領は二〇一八年六月一二日の米朝首脳会談を終えると、三日後の一五日、中国に対して棚上げしていた五〇〇億ドルの制裁関税を承認した。それだけではない、さらに三日後の一八日には、一挙に二〇〇〇億ドル相当の中国製品に一〇%の追加制裁関税を課す方針を発表した。先の五〇〇億ドルと合わせて総額二五〇〇億ドルという規模だ。

トランプ大統領は、なぜこのタイミングで対中強硬方針を決めたのか。ロイター通信が興味深い記事を配信している。それによれば「大統領は、北朝鮮と直接コミュニケーションをとる手段が確保できたため、中国の北朝鮮に対する影響力が対中関税を控える理由にはもはやならないと考えている」（米政府当局者）というのだ。つまり「オレはシンガポールで正恩氏から携帯番号を教えてもらったから、もう習氏を通じた間接話法で話す必要はない」という判断である。

中国は黙っていなかった。直ちに「報復措置をとる」方針を発表するとともに、米国の制裁関税発表と同じタイミングで六月一九～二〇日、北京で三回目の中朝首脳会談を開いてみせた。中国国営テレビは、正恩氏が会談で「（米朝）双方が一歩ずつ合意を履行《りこう》すれば、非核化は新たな重大な局面を切り開く」と述べた、と報じた。

だが、そんな談話よりも、ここで中朝首脳会談を開いたという事実そのものが重要だった。習主席とすれば、トランプ大統領に対し、「オマエは北朝鮮問題ではオレが用済みと思って、貿易戦争の喧嘩を仕掛けてきたんだろう。だが、見たか。正恩はオレを頼って、また北京に来たんだぞ」と、啖呵《たんか》を切って見せた形だった。

これが北朝鮮を強腰にさせた最大の理由である。以下、関連する事実関係を時系列で載せておく。

・三月二二日　トランプ大統領が知的財産権侵害を理由に五〇〇億ドルの対中制裁関税発表
・三月二五～二八日　中朝首脳会談（北京）
・四月二七日　韓国と北朝鮮が南北首脳会談で「板門店宣言」を発表
・五月七～八日　二回目の中朝首脳会談（大連）
・五月一六日　金桂寛《キムゲグァン》第一外務次官が「首脳会談を再考」発言
・五月二〇日　ムニューシン財務長官が対中制裁関税の棚上げを発表
・五月二二日　米韓首脳会談。トランプ大統領の「（習氏は）ポーカー・プレーヤー」発言
・五月二四日　崔善姫《チェソンヒ》外務次官がペンス副大統領を「愚か者」と非難
トランプ大統領が米朝首脳会談の中止を発表
・五月二五日　崔善姫外務次官が「会談は必要」。金桂寛第一外務次官も「中止は遺憾」
・六月一日　金英哲《キムヨンチョル》朝鮮労働党副委員長がトランプ大統領と会見
・六月一二日　シンガポールで米朝首脳会談
・六月一五日　トランプ大統領が五〇〇億ドルの対中制裁関税を承認
・六月一六日　中国も対抗して五〇〇億ドルの報復関税を発表

・六月一八日　トランプ大統領が二〇〇〇億ドル、一〇％の対中追加関税を発表
・六月一九〜二〇日　三回目の中朝首脳会談（北京）

「中国は社会全体が脅威なのだ」

私は、トランプ大統領がシンガポール会談後、中国に対して相次ぐ制裁関税を発表して喧嘩を売ったのは、やはり「勇み足」だったと思う。米朝首脳会談の開催同意もそうだったが、大統領は決断が早すぎる傾向がある。

中国と穏便な関係を維持し「最大限の圧力」路線も容認させたことが、正恩氏を対話に引き出す鍵だった。ところが、わずか一回の会談で正恩氏を信用し、「もう中国に遠慮する必要はない」とばかり、対中貿易戦争を始めてしまった。正恩氏にしてみれば「米国がオレの後見人である中国と喧嘩を始めるなら、オレが強気に出ても怖くない」と考えるのは当然だったろう。

ただ、それはあくまで「北朝鮮問題に関する限り」という話である。米国には、別の計算もある。「本当の敵は中国」という判断である。中国問題に比べれば、北朝鮮など周辺問題に過ぎない、と考えたのかもしれない。どういうことか。

トランプ政権の中国観は「中国の経済的攻撃は、いかに米国と世界の技術と知的財産を脅

かしているか（How China's Economic Aggression Threatens the Technologies and Intellectual Property of the United States and the World）」と題された三五ページに上るホワイトハウスの報告書に如実《にょじつ》に示されている。

この報告書には、中国の行為を指して「theft（窃盗《せっとう》）」という言葉が何回も登場する。たとえば、次のようなものだ。

〈中国の産業政策は世界中から技術や知的財産を導入し消化、吸収、再革新することを目指している。具体的には下記のように実行される。

すなわち、物理的窃盗やサイバー攻撃を使った陰謀に基づく国家が支援した知的財産の窃盗、米国輸出規制法制のかいくぐり、偽造と著作権の侵害、外国企業に対する強制的な技術移転の要求、独占的地位を利用した輸出規制、米国の大学や研究機関への非伝統的技術収集者（注：産業スパイ）の派遣などである（一部略）〉

報告書では、「非伝統的収集者（産業スパイ）は、大学や研究機関など国中のあらゆるところに教授や学生、研究者として存在している。我々は開かれた社会を尊重しているが、中国はそれを利用している。中国は政府として脅威であるだけでなく、社会全体が脅威なのだ」という連邦捜査局（ＦＢＩ）長官の議会証言を紹介した。

六〇兆円もの知的財産を盗む中国

一言で言えば、トランプ政権は中国を「国家的泥棒」と見なしているのである。

中国による知的財産の窃盗は、米通商代表部（ＵＳＴＲ）によれば、毎年一八〇〇億ドルから五四〇〇億ドル（約二〇兆円から六〇兆円）にも上っている。最大で日本の国内総生産（ＧＤＰ）の一割強に達し、もはや単なる窃盗では済まされない規模だ。

トランプ政権は「産業スパイやサイバー攻撃を使って知的財産を盗み出す中国とは、ルールに基づいた競争ができない」と見ている。中国の窃盗行為を個別に摘発しているのでは間に合わず、制裁関税で対抗するしかない、と考えているのである。

本来、自由貿易は米国の錦《にしき》の御旗《みはた》だった。自由貿易こそが各国を豊かにして、ひいては戦争を防ぐ。少し脱線するが、その原理を説明しよう。

そもそも、貿易はなぜ起きるか。どの国も自国ですべての生産物を賄《まかな》うより、それぞれ得意なモノを交換したほうが互いに有利で、得をするからだ。おいしいバナナをたくさん作れる国はバナナを輸出し、良い自動車を安く作れる国は自動車を輸出して交換する。

仮に貿易をしないで、自国でバナナも自動車もぜんぶ作ろうとしたら、どうなるか。労働や資本といった生産資源には限りがあるので、バナナはバナナ作りの得意な国には勝てず、自動車も自動車作りの得意な国には勝てない。結局、交換したほうが有利になる。デヴィッド・リカードが二〇〇年前に発見した「比較優位の原理」だ。

なぜ交換が有利か。それは、一人の人間に置き換えたほうが理解しやすい。

私は原稿執筆を中断して自分で食事を作るより、出前のピザを頼んで原稿を書いていたほうが有利である。なぜなら、手持ちの時間に限りがある中、自炊で節約した食事代よりも、執筆を中断して失った原稿料（機会費用）のほうが高いからだ。

だから、私は自炊せず原稿料を稼いで、出前のピザを注文する。それでピザ屋は儲かり、私も儲かる。それぞれ比較優位がある仕事をして、成果を交換（貿易）する。それが取引の原理である。

自然状態であれば、貿易は各国の比較優位に基づいて起きる。そして自由貿易を拡大するためには、関税は低ければ低いほどいい。だから、各国は関税貿易一般協定（ＧＡＴＴ）とその後継である世界貿易機関（ＷＴＯ）体制の下で交渉して、徐々に関税を引き下げてきた。

トランプ大統領は貿易赤字や黒字に異様な関心を抱いている。赤字国の米国は黒字国の日本や中国に「雇用が奪われている」と信じているようだ。

だが、そもそも貿易収支と雇用との間に関係はない。失業率が高いときは貿易黒字が一時的に雇用を増やしたとしても、長期的には無関係である。いまの米国は完全雇用に近い。そうであれば、関税引き上げで黒字化を目指しても、報復を受けて逆効果になるだけだ。

このあたりの話は、日米貿易摩擦が真っ盛りだった一九八〇年代にさんざん議論された。デタラメ話はとっくに決着したはずなのだが、トランプ政権によって蒸し返されている。まさに「歴史は繰り返す」を見るようだ。

ところが、である。以上のような話はトランプ政権には通用しない。

なぜかといえば、繰り返しだが「中国はルールに基づいて貿易をしていない泥棒」と見ているからだ。ルール無視の国にルールを前提にした自由競争の話をしても仕方がない。強権を発動して力でねじ伏せるしかない、と見ているのだ。

そうした考えは、トランプ氏が二〇一八年七月二日、WTOからの脱退を示唆した一件にもにじみ出ている。大統領はオランダのマルク・ルッテ首相との会談に際して、記者団に「米国はWTOで極めて不利な立場に置かれている。現時点では何も計画していないが、WTOが米国を適切に扱わなければ、何らかの行動を起こす」と述べた。

本気かどうかはさておき、WTOからの脱退を口走った米国大統領はトランプ氏が初めてだ。この一件を見ても、米国の世界観はガラリと変わった。

中国と戦う決意を示すように、トランプ氏は矢継《やつ》ぎ早《ばや》に制裁を強化した。七月五日には対中制裁関税が最終的に五〇〇〇億ドル超の規模になる見通しを語り、一〇日には二〇〇〇億ドル規模の対象品目リストを公表した。

米国に太平洋分割を求めた習近平

そもそも、中国は米国にどう向き合おうとしているのか。

話は二〇一三年六月に遡る。習近平国家主席は当時のバラク・オバマ大統領と初の首脳会談をした。これが、習氏にとって本格的な外交デビューだった。習氏は前年の一二年一一月、共産党中央委員会総書記と党中央軍事委員会主席に選出されたばかりだった。このとき習氏がオバマ氏に語った言葉に中国の思惑が端的に集約されている。

習氏は大統領にこう言ったのだ。

「大統領、広い太平洋は米中両国を受け入れるのに、十分に広いですよね」

これは一見、もっともらしい。だが、真意は言葉の順番を入れ替えたほうにある。つまり、習氏はこう言ったのだ。

「大統領、太平洋は十分に広いですよね。だから米中両国で分け合いましょう」

一言で言えば、ハワイを中間に太平洋を米中で分ける縄張り提案だったのだ。

オバマ大統領は何と答えたか。もしも「習主席、それで結構です」と答えていたら、いまごろ日本はどうなっていたか。日本や韓国は中国の縄張りに組み込まれ、息も絶え絶えになっていたに違いない。だが、大統領は習氏にこう告げた。

「習主席、日本は米国の同盟国であることを忘れないでほしい」

この一言で、日本が中国の縄張りに組み入れられるのを免れたと言っても過言ではない。ちなみに、このオバマ発言を伝えたのも『産経新聞』である。

中国が米国と太平洋の縄張り分割を提案したのは、この米中首脳会談が初めてではない。米紙『ワシントン・タイムズ』は二〇〇七年八月、当時のティモシー・キーティング米太平洋軍司令官が訪中し、中国側の軍事当局者と会談した際、「中国側から太平洋を東西で分割し、東側を米国、西側を中国が管理することを提案された」と報じている。

キーティング氏自身が翌年八月、米議会上院で証言し、報道内容を確認したから間違いはない。議会証言は日本でも報じられた。中国は当時から一貫して、米国との太平洋分割をもくろんでいたのである。

中国のもくろみはオバマ大統領の拒否によって失敗した。

すると、中国はどうしたか。半年後の二〇一三年一一月には突然、一方的に東シナ海上空に防空識別圏の設定を宣言した。日本の航空会社は「ミサイルで撃ち落とされてはたまらない」と中国に通報したが、米国は直ちにB52戦略爆撃機を飛ばして、当該区域の上空を通過させた。「撃つなら撃ってみろ」と威嚇《いかく》したのだ。中国は手も足も出ず結局、このもくろみは失敗した。

中国が次に狙ったのが南シナ海だった。南シナ海への進出はフィリピンが米軍基地を追い出した一九九二年以降から始まっていたが、二〇一四年に人工島建設が本格化する。米国の偵察によって滑走路建設が確認されたのは、一四年一一月だ。オバマ政権は二〇一五年から海軍のイージス艦を南シナ海に派遣する「航行の自由」作戦を展開した。

中国は「岩礁を埋め立てて人工島を作っても、軍事基地化はしない」と繰り返し表明していたが、それは偽《いつわ》りだった。実際には、基地建設を止めず一七年末時点では、南沙《なんさ》諸島のファイアリー・クロス礁やスービ礁、そして西沙《せいさ》諸島のウッディー島など、三つの岩礁と島に、大型滑走路、レーダー、弾薬貯蔵用と見られる地下施設などが作られたことが確認されている。

二〇一六年七月には、オランダ・ハーグの仲裁裁判所が南シナ海における中国の主権を否定し、人工島建設を国際法違反とする判決を下したが、中国は直ちに「判決は無効で拘束力がない」とする白書を発表した。中国の外務次官は「判決は紙くず」とまで酷評した。

つまり、中国の姿勢は一貫している。一言で言えば「縄張り拡大」を目指しているのだ。

目的を達成するためには、国際法違反だろうが、口約束を翻そうが、なんでもかまわない。米国との直接対決こそ避けているものの、最後は「力がモノを言う」と見ているのである。

なぜ、縄張り拡大に執着するのか。そこには諸説がある。

軍事専門家は、「南シナ海を確保できれば、米国を射程に収める弾道ミサイル（SLBM）の発射可能な潜水艦を配備できるから、圧倒的に中国有利になる」と説明する。いざ戦闘となれば、潜水艦は人工島よりもはるかに敵に探知されにくいからだ。

経済専門家は「南シナ海には天然ガスや原油など無尽蔵《むじんぞう》の資源が眠っているからだ」と言う。エネルギー資源輸入国である中国にとって、自国の支配圏からエネルギーを手に入れられれば、経済発展だけでなく安全保障にとっても大きな利点になる。

いずれもその通りだろう。だが、私は単純に、「ただ自分の縄張りを大きくしたいのだ」と思っている。習政権は「縄張り拡大こそが国益拡大」と信じているのだ。そんな考え方は、自由と民主主義を重んじる私たち日本人とは、まったく違う。

日米欧は世界が相互依存関係にあると考える。自国の繁栄は相手国の繁栄あってこそと考えるから、平和的関係を強化していく。だからこそ、平和と繁栄は一体になる。

だが、中国はそう考えない。「オレはお前の縄張りを尊重するから、お前もオレの縄張りを尊重しろ」、これが共存共栄だと考えているのだ。けっして相互依存関係にあるとは思っていない。相手に隙あらば、自分の縄張りを拡大したい。習体制下における中国の行動は、そんな考えで一貫している。

米国の戦う資源を中国に集中する

実は、かつての日本もそうだった。

一九三一年の満州事変の後、日本は国際連盟が派遣した現地調査委員会（リットン調査団）の報告に同意できず三三年三月、国際連盟からの脱退を通告した。当時、日本陸軍の中堅幕僚で政策決定に大きな影響力を及ぼしていた永田鉄山《ながたてつざん》は、国際連盟をどう認識していたか。

第二一回山本七平《やまもとしちへい》賞を受賞した川田稔《かわだみのる》・名古屋大学名誉教授の『昭和陸軍の軌跡　永田鉄山の構想とその分岐』（中公新書、二〇一一年）によれば、永田は国際連盟について「国際社会をいわば『力』の支配する世界から『法』の支配する世界へと転換しようとする志向を含むものである」と理解していた。

だが、国際連盟は各国に「法の支配に従わせる力」を欠いているので、いずれ世界戦争は不可避である。そうだとすれば、中国はいずれ列強の草刈り場になるから、日本も次期大戦に備えなければならない。そんな考え方の下で、日本は満州事変後の連盟脱退、二・二六事件、さらに盧溝橋事件から日中の全面戦争へと突き進んでいった。

これは、まさにいまの中国ではないか。法の支配などといっても、中国を国際法に従わせる強制力は仲裁裁判所にはもちろん、日米欧にもない。そうであれば、力がモノを言う。だからこそ、習政権は力の政策に突進しているのだ。

トランプ政権は、そんな中国に正面から立ち向かおうとしている。そのためには、北朝鮮とロシアをどうするか。とりあえず、棚上げを選んだようにも見える。

トランプ政権は中国に対して強硬姿勢で臨む反面、北朝鮮には甘くなる一方だった。トランプ大統領は七月一七日、ホワイトハウスで開いた共和党議員との会合で「北朝鮮の非核化には期限を設けない」と語った。ポンペオ国務長官も同様の発言をしている。こうなると、トランプ政権が非核化プロセスの長期化を容認したも同然だった。

態度が甘くなったのは、対北朝鮮だけではない。対ロシアも同じである。

トランプ大統領は七月一六日、ヘルシンキでロシアのプーチン大統領と会談した。その際、ロシアによる大統領選介入疑惑について、「ロシアの干渉《かんしょう》であるとする理由が分からない」と語った。これには、米マスコミが「自分の連邦捜査局（ＦＢＩ）よりもロシアを信用するのか」と猛烈に批判した。大統領は「ロシアの干渉ではないとする理由が分からない」という二重否定の言い間違いだったと釈明したが、そんな話ではない。

トランプ大統領は、それまでも「ロシアを先進七ヵ国（G7《セブン》）首脳会議に復帰させるべきだ」とか、「クリミア侵攻はオバマ大統領の時代の話だ」などと発言している。ロシアに甘い姿勢は明白だった。

米ロ首脳会談は核軍縮交渉の継続で一致したくらいで、成果がないまま終わった。世界は、ロシアによる二〇一四年のクリミア侵攻を忘れていない。ロシアが公然と（当初は認めていなかったが、一年後にプーチン大統領が認めた）ウクライナに軍事侵攻し、国境を塗り替えた事件である。当時の英国外相は「欧州における二一世紀最大の危機」とまで表現し、危機感をつのらせた。

そんなロシアに、なぜトランプ氏は宥和的《ゆうわてき》になったのか。

中国こそが「米国の主たる敵」と認識しているからではないか。私は、米国の戦う資源を中国に集中するために、北朝鮮やロシアとの対決を一時、棚上げしようとした、と見る。

朝ロは後回しで主敵の中国を叩く

米国が戦う資源を中国に集中する背景には、ロシアの衰退もある。

ロシアは大量の核兵器を保有する核大国ではあるが、もはや経済大国ではない。国際通貨基金（IMF）によれば、ロシアの名目国内総生産（GDP）は、二〇一七年で一兆五二七〇億ドル（約一七一兆円）、世界一二位に過ぎない。中国の約八分の一にとどまり、韓国さえ下回っている。輸出産業はといえば、価格が低迷する石油と天然ガスなど一次産品が大半を占め、経済は衰退し続けている。

かつてのソ連をイメージして、ロシアは超大国の一つに数えられがちだが、実態は汚職と不況、そして格差拡大にのたうち回っている中進国なのだ。そんな国だから「米国と真正面から対決して世界の覇権を握ろう」などという思惑はない。そうした発言があったとしても、それは大言壮語《たいげんそうご》というものだ。

たしかに、クリミア侵攻はあからさまな侵略だった。だが、プーチン大統領に言わせれば、「欧州が北大西洋条約機構（ＮＡＴＯ）を拡大し、ロシアに迫ってきたからやむを得ず併合したのだ」という話である。当時、ウクライナはＮＡＴＯ加盟を目指していた。プーチン大統領は併合を決めた議会で、「（クリミア半島の要衝）セバストポリにＮＡＴＯの艦船が停泊するのを容認できない」と演説している。

トランプ大統領も「クリミア侵攻は基本的に欧州の話であって、米国の脅威になる話ではない」という認識なのかもしれない。それを裏付けるように、大統領はＮＡＴＯ批判を繰り返した。プーチン大統領と会談する前に出席したＮＡＴＯ首脳会議では、米国のＮＡＴＯ脱退さえ示唆《しさ》したのである（後に否定した）。

北朝鮮についてはどうか。大統領は「核とミサイル実験を停止しただけで、とりあえず十分」と判断したかもしれない。すでに見てきたように、米朝関係は米中関係と連動している。北朝鮮を片付けようと思えば、中国を片付けなければならず、中国を片付けずに北朝鮮を片付けることはできない。北朝鮮問題は中国問題の従属関数であり、派生問題なのだ。

米国にとって「真の脅威は中国」だった。

中国の泥棒行為を放置すれば、米国のハイテク技術は盗まれ続け、やがて軍事的にも脅かされてしまう。経済的優位の維持だけでなく国家安全保障の観点からも、米国は、いま中国に全力を挙げて対処しなければならない。そんな現状認識が、北朝鮮とロシアに対する宥和的姿勢ににじんでいた。

米ソ冷戦時代に、米国はソ連と直接対決こそしなかったが、周辺では、朝鮮戦争、ベトナム戦争、コンゴ動乱、そしてアンゴラやソマリアの内戦など、多くの代理戦争を戦った。いま、中国との貿易戦争は米中「新冷戦」の様相を呈している。米中「新冷戦」で米国は、米ソ冷戦とは逆に、周辺の北朝鮮やロシア問題を後回しにして、主敵である中国との直接対決に備えようとしている。

日本はそんな激動の時代にどう対応するのか。それを以下の章で考える。

第八章　憲法と左翼の未来を読む技術

世界有数の独裁国家群に囲まれて

安倍晋三首相は二〇一八年九月、自民党総裁選に勝利し、第四次改造内閣が発足した。国内では野党の離合集散が繰り返される一方、国外では中国や北朝鮮の脅威が高まっている。そんな中、安倍政権は何を目指すのだろうか。

これまで見てきたように、日本は中国と北朝鮮の脅威にさらされている。

中国は尖閣諸島に対する領土的野心を隠さず、その先には沖縄も見据《みす》えている。北朝鮮は非核化を言いながら、実際の行動では、核とミサイル開発を断念する様子が見えない。実行された国家犯罪である日本人拉致問題を解決しようとする気配もない。

ロシアとは首脳同士の関係が良好だが、北方領土問題を解決して平和条約を締結する展望は、まだ見えない。第五章で書いたように、米国が「返還された北方領土には米軍基地を置かない」という姿勢を見せない限り、プーチン大統領が返還に同意するのは難しいだろう。

韓国とは表立って喧嘩しないが、だからといって安倍政権は信用していない。言ってみれば「消極的な無視」だ。下手に深い付き合いをしようものなら、何を要求されるか分からない。北朝鮮に重要情報を内通されてしまう危険すらある。

日本にもっとも重要で代替不可能な同盟国は、米国である。朝鮮半島が赤く統一されるような事態になれば、日本は狭い対馬海峡を隔てただけで「反日国家」と対峙《たいじ》せざるを得なくなる。統一朝鮮が在韓米軍の撤退を求め、米国が応じるようなら、何が起きるのか。それだけではない。米軍が日本からも撤退したら、どうなるのか。日本は自分だけで三つの脅威に立ち向かわなくてはならない事態に陥る。

在日米軍撤退のような話は現実味がないとしても、米軍が未来永劫《えいごう》、日本にとどまる保証はどこにもない。それは、究極的に米国の都合である。「カネがかかる」「中国のミサイル射程から離れたい」といった理由で米軍が撤退する選択肢は、いつでも残っている。

日本は結局、いま自分ができることをしっかりやるしかない。それが憲法改正である。

米軍が日本から撤退したとしても、できる限り自前で対応する能力を備えておくべきだ。もちろん、米軍には残ってもらったほうがいい。第五章で見たように、日本が自前で中国に対抗しようと思ったら、少なくとも防衛費を四倍にしなければならない。一言で言えば、軍事大国化せざるを得なくなる。

だからこそ、まずは米軍が撤退しないように、できることはする。あえて言えば「逃げるかもしれない米軍を引き止めるために、できることをする」、それに尽きるのだ。

安倍政権が二〇一五年、安全保障関連法制を見直した理由もそうだった。いざとなったら、日本は米国に対してできる限りのことをする。そのための政策が、集団的自衛権の限定行使容認である。

野党や左派マスコミは「米国の戦争に巻き込まれる」などと主張したが、彼らは日本が米国抜きで国を守らざるを得なくなる事態を考えたことはあるのだろうか。おそらく、ない。そもそも「中国や北朝鮮が日本を脅かしている」という認識すらあるのかどうか、あやしいものだ。彼らは「中国も北朝鮮も日本と平和共存を願っているはずだ」という素朴な思い込みにとらわれていたりする。

一部の左翼は「北朝鮮が日本海にミサイルを発射するのは、安倍政権が米国と一緒になって軍事演習で北朝鮮を脅すからだ」などと言っている。私はテレビ番組で同席した出席者から、そんな話を聞いたこともある。「悪いのは安倍政権」と言いたいのだ。

世界一位と二位の独裁国家ともいえる中国や北朝鮮が日本の脅威でないなら、安保関連法の見直しは必要なかったかもしれない。しかし残念ながら、そんな認識は間違いだ。左派勢力は根本にある現状認識が間違っているから、後の話もすべて間違ってしまうのである。

自衛隊の明文化か国防軍か

安倍政権はひとまず安保関連法制を見直した。次の課題は本丸の憲法改正だ。第一章で少し触れたが、ここで憲法改正について掘り下げたい。安倍首相は第九条一項と二項をそのままにして、新たに「自衛隊の明文化」を付け加える改憲案を提案した。まず条文を確認する。

〈第九条　日本国民は、正義と秩序を基調とする国際平和を誠実に希求し、国権の発動たる戦争と、武力による威嚇又は武力の行使は、国際紛争を解決する手段としては、永久にこれを放棄する（戦争の放棄）

二　前項の目的を達するため、陸海空軍その他の戦力は、これを保持しない。国の交戦権は、これを認めない（戦力の不保持と交戦権の否認）〉

焦点は二項の扱いである。二項削除を求める論者は、戦力不保持と交戦権を否定したまま、自衛隊を明記しても「自衛隊は戦力でない」話になり、加えて「交戦権も否定」するなら戦えない自衛隊になってしまう、と主張する。つまり「二項と自衛隊が矛盾《むじゅん》しているから削除すべし」と言っている。

これに対して、二項維持派は「自衛隊は合憲」と主張してきた歴代政府の考え方をそのまま踏襲《とうしゅう》している。安倍首相は二〇一八年一月三〇日、衆院予算委員会で「二項を残す私の提案はいままでの政府の解釈と同じ」と答弁した。

私は「現実を見据えた政治判断」と「憲法解釈」という二つの理由で、安倍提案を支持する。世論調査を見れば「一項と二項を残して自衛隊を明記する」という改正案は多くの賛成を見込める。たとえば、第一章で見たように、安倍提案が発表された直後の『読売新聞』の調査（二〇一七年五月）では、安倍提案に賛成が五三％に上った。

国民のなかには「国防軍創設」などと言われれば、思わず後ずさりする向きもあるだろう。一方「自衛隊の明文化なら、まあいいか」と考える人も少なくない。それが調査結果に出ている。国防軍案は、究極的には正しい。だが、いくら正しくとも「できない話」を言い続けて結局、改正を先送りしているのでは意味がない。それでは「形を変えた護憲派」になってしまう。

まずは「できること」をする。そういう判断から、私は自衛隊明記案に賛成である。

国連憲章から読み解く憲法第九条

次に、憲法解釈だ。

はたして、自衛隊は戦力なのか否《いな》か。私の考えを先に言えば、自衛隊は普通の概念でいう戦力であったとしても「日本国憲法が示す戦力」ではない。なぜか。話は憲法が作られた当時に遡る。

日本国憲法の草案は、日本を占領していたダグラス・マッカーサー将軍率いる連合国総司令部（GHQ）によって起草されたことはご承知の通りだ。第九条一項の戦争放棄は、左翼には、あたかも日本国憲法の独占発明品であるかのように言われている。「憲法九条にノーベル平和賞を」という主張まであるほどだ。

戦争は、一九二八年のパリ不戦条約によって、初めて禁止された。第二次世界大戦を経て、四五年六月に調印された国連憲章でも、次の第二条四項によって明確に禁止された。

〈すべての加盟国は、その国際関係において、武力による威嚇又は武力の行使を、いかなる国の領土保全又は政治的独立に対するものも、また、国際連合の目的と両立しない他のいかなる方法によるものも慎まなければならない〉

これを読むと、第九条一項との類似に気が付くはずだ。「武力による威嚇又は武力の行使」を禁止するという言い回しは憲法が最初ではなく、国連憲章に登場していた。それもそのはずだ。同じ米国が起草したからだ。

では、国連憲章はすべての戦争を禁止したのだろうか。そうではなく、例外を認めている。どこに書いてあるかと言えば、次の憲章第四二条である。

〈第四二条　安全保障理事会は、第四一条に定める措置では不充分であろうと認め、又は不充分なことが判明したと認めるときは、国際の平和及び安全の維持又は回復に必要な空軍、海軍または陸軍の行動をとることができる。この行動は、国際連合加盟国の空軍、海軍又は陸軍による示威、封鎖その他の行動を含むことができる〉

ここにあるように、国連安全保障理事会は第四一条で定めた経済制裁や運輸通信手段の断絶によっても不十分なときは、加盟国の陸海空軍を動員して、最終的手段として武力行使ができる。それから第五一条である。

〈第五一条　この憲章のいかなる規定も、国際連合加盟国に対して武力攻撃が発生した場合には、安全保障理事会が国際の平和及び安全の維持に必要な措置をとるまでの間、個別的または集団的自衛の固有の権利を害するものではない。この自衛権の行使に当って加盟国がとった措置は、直ちに安全保障理事会に報告しなければならない。また、この措置は、安全保障理事会が国際の平和及び安全の維持または回復のために必要と認める行動をいつでもとるこの憲章に基く権能及び責任に対しては、いかなる影響も及ぼすものではない〉

つまり、他国から攻撃された国連加盟国は安保理が動くまでの間、個別的または集団的自衛権を行使して反撃できる。以上のように、国連憲章は（一）安保理が認めるか（二）安保理が動かない間は、個別または集団的自衛権の行使として武力行使を容認していたのである。

以上の国連憲章を前提にして憲法を考えれば、そもそも同じ米国が起草した国連憲章で認めた例外としての武力行使を、憲法が認めていないと考えるのは、おかしい。逆に言えば、憲法が禁止した武力行使＝戦争とは、「国連憲章が認めていない、上記の（一）でも（二）でもない武力行使」と考えるべきである。

以上のような視点から憲法を読み直すには、まず第九条を英語で読む必要もある。草案の原文は英語だからだ。英語版で二項の「戦力」は「war potential」と記されている。前段の一項にある「国権の発動たる戦争」は「war as a sovereign right of the nation」である。直訳すれば「国家の主権としての戦争」だ。

ここで「国家の主権としての戦争」とは何か。

東京外国語大学の篠田英朗教授は、この「戦争」の意味を「古い一九世紀国際法において、戦争が主権国家の宣戦布告などの手続きによって合法とみなされていた時代の『戦争』のことである」と解説している（『ほんとうの憲法』ちくま新書、二〇一七年）。だが、国連憲章が例外的に発動を許している戦争は、そんな国家主権に基づく戦争だろうか。そうではない。あくまで、安保理が認めた加盟国による共同武力行使か、個別的または集団的自衛権の発動に基づく非常事態の防衛的な武力行使である。

そうであれば、国連憲章の後にできた憲法の第九条一項は「国家の主権としての戦争」を否定しているが、国連憲章が認めた武力行使は否定していないと考えるべきではないか。そうでなければ、両方の草案を書いた米国の考え方の辻褄《つじつま》が合わなくなってしまう。

二項の戦力は一項が禁止した「国家の主権としての戦争」をする戦力である。自衛隊はそんな戦力か。そうではない。自衛隊は専守防衛に徹している。他国から攻められたときに、必要最小限の範囲で反撃するだけだ。

米国が自衛隊を合憲と見た証拠

そもそも自衛隊はどうして作られたか。それは朝鮮戦争がきっかけだった。

一九五〇年六月、北朝鮮が突如、朝鮮半島の分割占領ラインである三八度線を越えて、韓国を攻撃し、朝鮮戦争が勃発《ぼっぱつ》した。東京のマッカーサー司令部は慌てて、韓国防衛のため、日本に駐留していた米軍をすべて朝鮮半島に送り込んだ。すると、日本には兵隊がいなくなってしまった。当時の日本は武装解除しており、軍隊はなかった。

当時、国内では日本共産党が暴力革命を目指していた。共産党は武装闘争路線に傾斜し、一九五一年には「日本の解放と民主的変革が平和な手段によって達成しうると考えるのは間違っている」という綱領を発表している。マッカーサーは、もぬけの殻《から》になった日本に共産革命が起きるのを心配し、日本に再軍備を要求した。

当時の吉田茂《よしだしげる》首相は軍国主義の復活を懸念して反対したが、拒否はできなかった。政府は二ヵ月後の一九五〇年八月、要請を受け入れて「警察予備隊」を創設した。これが自衛隊の前身である。

マッカーサーは自分が作った憲法で戦力不保持を決めながら、再軍備を求めたのは矛盾《むじゅん》しているようにも見える。職業軍人であるマッカーサーにとっては、憲法解釈の辻褄合わせよりも、目の前の日本の無防備状態のほうが、はるかに現実的な心配だったのだろう。

その後、マッカーサーは最高司令官を解任されたが、米国は日本の再軍備を積極的に推し進めた。日本が一九五一年にサンフランシスコ講和条約に調印して独立を回復した後、警察予備隊は五二年に保安隊に改組され、五四年に自衛隊として発足した。

以上の経過は、憲法草案を起草した米国自身が「自衛隊が憲法第九条違反」と考えなかった証拠と見てもいい。

自衛隊が第九条二項で禁止された戦力に当たらないなら、一項と二項をそのままにして、新たに自衛隊を明文化しても、問題はない。それでも国防軍の創設推進派が納得できないならば、いずれ国民の理解が熟したときを選んで、また次に改正すればいい。何が何でも一回の改正で理想的な形にしなければならない、という話ではないのだ。

集団的自衛権を認める安保条約

集団的自衛権についても書いておく。

政府は「安保関連法制は集団的自衛権の限定的な行使を認めただけで、全面的な行使を認めたわけではない」という立場である。安倍首相も二〇一八年一月三〇日、国会答弁で「九条二項を変えることになれば、全面的な集団的自衛権行使を認めることも可能になる」と述べている。

安保関連法制は集団的自衛権の行使について「日本の存立が脅かされる明白な危険がある」「他に手段がない」「必要最小限にとどめる」という三つの制約を課した。だから限定的であり、全面的ではないというのが政府の立場だ。

野党や左派マスコミは「全面的行使を認めたら、自衛隊が地球の裏側まで行って戦う話になる」と大騒ぎした。だが、私はそもそも集団的自衛権に「限定的」とか「全面的」といった違いがある、と思わない。

なぜかといえば、先に見たように、そもそも国連憲章では、自衛権を行使する際に集団的自衛権と個別的自衛権を共に認めている。さらに、一九五一年に調印した旧日米安保条約は前文でこう書いている。

〈平和条約は、日本国が主権国として集団的安全保障取極を締結する権利を有することを承認し、さらに、国際連合憲章は、すべての国が個別的及び集団的自衛の固有の権利を有することを承認している。

これらの権利の行使として、日本国は、その防衛のための暫定措置として、日本国に対する武力攻撃を阻止するため日本国内及びその附近にアメリカ合衆国がその軍隊を維持することを希望する〉

ここにあるように、旧安保条約は、日本が「個別的及び集団的自衛の固有の権利を有すること」を確認したうえで「これらの権利の行使として」米軍基地を求めていた。そうであれば、もしも集団的自衛権が違憲というなら、論理的には、一九五一年の日米安保条約調印も五六年の国連加盟も違憲という話になってしまう。そんな話であるはずがない。

つまり、安保条約は生まれ落ちたときから、個別的か集団的かを問わず集団的自衛権を認めていたのである。それでも政府が個別的か全面的かにこだわるのは、無用に野党を刺激したくないがために、歴代の自民党政権が積み重ねてきた「政治的方便」と見ていい。

基地提供が武力行使に当たるなら

さて、以上から野党や左派勢力の矛盾が導かれる。

日本共産党のように、自衛隊にも安保条約にも反対というなら、それはそれで一貫している。ところが、いま旧民主党系野党は「日米安保条約は認めるが、集団的自衛権は反対」という立場だ。現行の安保条約の第六条には、こう書かれている。

〈日本国の安全に寄与し、並びに極東における国際の平和及び安全の維持に寄与するため、アメリカ合衆国は、その陸軍、空軍及び海軍が日本国において施設及び区域を使用することを許される。前記の施設及び区域の使用並びに日本国における合衆国軍隊の地位は、一九五二年二月二八日に東京で署名された日本国とアメリカ合衆国との間の安全保障条約第三条に基く行政協定（改正を含む。）に代わる別個の協定及び合意される他の取極により規律される〉

ここで明確なように、日本は条約に基づいて自国の領土を米軍に基地として提供しているが、その基地は日本のみならず、極東（具体的には韓国、台湾、フィリピン）地域の平和と安全を守るために使われる。具体的には「日本自身が攻撃されていなくても、たとえば、韓国が他国に攻撃されれば、救援に出動する米軍に領土を提供することによって韓国を支援する」。これは、まさしく日本の集団的自衛権行使になる。

平たく言えば、日本が集団的自衛権を認めないなら、どうして他国の平和と安全を守るために米軍に基地を使わせるのか、という話になってしまう。認めているからこそ、極東の平和にコミットできるのだ。「日米安保条約には賛成だが、集団的自衛権には反対」という旧民主党系野党のあいまいさ、情けなさがこういう部分に表れている。

集団的自衛権に関して「後方支援は武力行使に当たるか否か」という議論もある。政府は「当たらない」という立場だ。なぜなら「当たる」とすると、後方支援の要《かなめ》である基地の提供が武力行使になってしまい、朝鮮半島有事で日本が攻撃されてもいないのに、基地提供の形で反撃する話になりかねないからだ。そうすると、専守防衛に抵触しかねないので、苦しい立場になってしまう。

だが、現代の戦争においては後方支援も武力行使だ。だから、日本は安保条約に基づいて、米国に基地を提供していること自体によって集団的自衛権を行使している。それが実態

になる。

だ。北朝鮮がミサイルを撃ってきたとして、北朝鮮に「日本は米軍に基地を提供している
が、これは武力行使ではないから撃たないで」などと言えるのか。まったくバカバカしい話

それでも政府が武力行使と認めないのは、専守防衛の建て前に縛られていることと、野党
の攻撃から身を守るためだろう。しかし、それと安全保障の本質論は別だ。

野党や左派マスコミの根本矛盾をもう一つ、指摘しておこう。

彼らはよく「米国に追随するな」という。同時に「憲法第九条が日本の平和を守ってき
た。第九条を守れ」とも叫ぶ。だが、第九条を作ったのは米国ではないか。対米従属がいけ
ないというなら、彼らこそが「米国製の第九条を改めて自主憲法を作れ」と主張すべきでは
ないか。護憲派が安倍政権を対米従属と批判するのは本来、自己倒錯《とうさく》なのだ。

こんな論理矛盾《むじゅん》を放置していては、日本の政治はいつまで経ってもまともな政策論議が
できないだろう。

終章　米中「新冷戦」で変わる世界と日本

拉致被害者の東京五輪前の帰国も

最後に、本書で解説してきた「明日を予測する技術」を駆使して、二〇二〇年の世界と日本を大胆に予測してみる。

まずは北朝鮮。日本人拉致問題はどうなるのか。

第七章で述べたように、拉致問題は北朝鮮の核とミサイルをめぐる米朝交渉のど真ん中に位置付けられた。北朝鮮が非核化に本気になって取り組むなら、拉致問題にも本気で取り組まざるを得ない。

なぜなら北朝鮮側から見ると、非核化するのであれば見返りに、国連制裁の解除と経済支援、つまりカネを手にしなければならない。ところが、カネの出し手である日本は「拉致問題の解決なくして経済支援はあり得ない」という立場を明確にしているからだ。

したがって、問題は北朝鮮がまず非核化に本気になるかどうか、にかかっている。

米朝交渉は二〇一八年六月の首脳会談の後、停滞したが、九月に入ると金正恩朝鮮労働党委員長は、米国のトランプ大統領との再会談に意欲を見せた。正恩氏は、九月に開かれた韓国との南北首脳会談で、東倉里《トンチャンリ》のエンジン実験場とミサイル発射台の廃棄に合意した。米国が「相応の措置」をとることを条件に、寧辺《ニョンビョン》の核施設を廃棄する用意があるとも表明している。

　だが、これだけでは北朝鮮が非核化に本気かどうかは分からない。むしろ、譲歩姿勢をちらつかせて制裁解除と経済支援を取り付けよう、という思惑がにじみ出ている。たとえば、南北首脳が発表した平壌共同宣言には、「南北をつなぐ鉄道と道路の着工式を二〇一八年中に行う」とか、国連制裁で凍結状態になっている「開城《ケソン》工業団地や金剛山《クムガンサン》観光事業を正常化する」といった文言が盛り込まれた。

　トランプ大統領は六月のシンガポール首脳会談で、正恩氏に騙されたも同然だった。二人がサシで会ったときは前向きな体《てい》を装っていたのに、いざ具体的な非核化の進め方や工程を実務レベルで詰める段になると「朝鮮戦争の終戦宣言が先だ」などと言い出して、非核化は棚上げされてしまった。

　大統領は同じ手を二度と食わないだろう。二度目以降の米朝首脳会談では、今度こそ具体的な非核化の手順と日程を迫っていくはずだ。そうなると、金正恩氏はカネの話をせざるを得ない。そこで、拉致問題が俎上《そじょう》に載る可能性が出てくるのだ。

　つまり、北朝鮮が日本人拉致問題に取り組むかどうかは、米国が非核化でどれだけ追い込めるかにかかっている。私はチャンスがある、と見る。なぜなら、非核化には米国の安全保障とトランプ大統領のメンツがかかっているからだ。

米国はズルズルと先送りはできない。そうなったら、北朝鮮は態度を豹変《ひょうへん》させ、元のもくあみとなってしまう可能性が高い。核とミサイル開発の時間稼ぎに使われた結果が明白になれば、トランプ大統領の負けが確定してしまう。それでは、大統領の再選も危うくなる。

そのためトランプ氏は北朝鮮に非核化の圧力をかけ続ける。「コワモテ」と「ヤサガタ」を使い分け、交渉が行ったり来たりすることはあっても、圧力をかける方針は変わらない。

そうであれば、拉致問題はいずれ、必ず俎上《そじょう》に載せられる。安倍首相が意欲を見せている日朝首脳会談も開かれるだろう。日本との直接交渉なしに、北朝鮮がカネを手にすることはないからだ。日朝首脳会談はいつか。早ければ、二〇一九年にもありうるのではないか。

そうなれば、二〇年までに拉致被害者が日本に戻ってくる可能性がある。彼らは東京で安倍首相とともに、五輪を観戦するかもしれないのだ。

歯舞・色丹返還が実現する可能性

次にロシア。ここでは北方領土問題を見てみよう。

第五章で書いたように、北方領土問題の解決は、日本とロシアだけでなく、米国が重要なプレーヤーになっている。日米安保条約により、米国は、日本の領土のどこにでも米軍基地の設置を要求できるからだ。では、ロシアが北方領土を日本に返還したとして、米国がその島に米軍基地を置かない可能性はあるのだろうか。

私は、その可能性は少なからずある、と見る。

なぜか。米国にとって、もっとも脅威となるライバルは中国であって、ロシアではない。ロシアは米国と肩を並べる核大国ではある。だがロシアの国内総生産（GDP）は、いまや中国の八分の一に過ぎない。中国の一二兆一四〇億ドルに対して、ロシアは一兆五二七〇億ドル（二〇一七年）。韓国の一兆五三八〇億ドルよりも小さいのだ。原油や天然ガス、あるいは鉱物など、膨大な地下資源を持ってはいるが、それを開発する経済力がないし、資源価格も低迷している。だからこそ、日本の経済力が魅力に映る。

すぐ後に述べるように、トランプ政権は中国との覇権争いのために戦う決意を固めているが、ロシアはそもそも米国と覇権を競うだけの国力がない。一方、ロシアの側も、米国はかつて冷戦を戦ったライバルではあるが、もはや米国に立ち向かう力がないのは理解している。資源があっても韓国以下の経済力しかなく、しかも経済苦境に陥っている国が虚勢を張っても仕方がない。

加えてロシアは、隣の中国を潜在的に恐れている。

ロシアと中国は、三六〇〇キロもの国境で接している。かつて中国は、文字通り、旧ソ連の子分だったが、いまや立場は完全に逆転してしまった。経済力で圧倒し、核兵器も持つ中国がロシアに襲いかかれば、ロシアは分が悪い。

そんなロシアが、中国とだけ連携を深めるよりも、万が一に備えて米国や日本とも友好関係を保っておこうと考えてもおかしくない。そのほうが、むしろ合理的である。

たとえばロシアは、二〇一八年九月、極東で史上最大の大規模軍事演習を実施し、そこに初めて本格的な中国軍部隊を招待した。同じタイミングで中ロ首脳会談も開いた。ところが、プーチン大統領は同時に安倍首相とも二二回目の日ロ首脳会談を開き、一〇月には、自衛隊制服組トップの河野克俊《かわのかつとし》統合幕僚長の訪ロも受け入れた。

つまり中国との蜜月を演出しつつ、日本との友好関係にも配慮しているのだ。

「そもそも返還された島に米軍基地が必要か」という問題もある。軍事技術が発達するなかで、基地という概念自体が古いという議論もある。高性能ミサイル時代にあっては、攻撃や補給を行う基地自体が、実は敵にとって、格好の「動かぬ標的」になってしまうからだ。

そうだとすれば、中国に対し、友好を示すだけではなく牽制も行いたいロシアと米国、それに日本の思惑が重なって、「北方領土の米軍基地抜き返還」はあり得ない話ではない。すでにロシア軍が配備されている国後《くなしり》と択捉《えとろふ》は難しいとしても、二〇二〇年にかけて、歯舞《はぼまい》と色丹《しこたん》の二島返還が具体化する可能性はある。そもそも一九五六年の日ソ共同宣言では、平和条約締結後に歯舞と色丹の返還が約束されているのだ。

安倍首相とプーチン大統領は「自分たちの代で解決する」と繰り返し表明している。二〇一八年九月にプーチン氏が述べた「前提条件抜きに年末までに平和条約を結ぼう」という突然の発言も、プーチン大統領の真剣さの表れと受け止めるべきではないか。

私が「ロシアが米国に接近するかもしれない」と見るのは、歴史の前例もあるからだ。かつて、米国がロシアの前身であるソ連と激しい「冷戦」を戦っていたころ、中国はどう動いたか。中国は米国に接近し、国交を樹立したのだ。

米ソ冷戦は一九四六年のウィンストン・チャーチル英首相による「鉄のカーテン」演説から始まった。「欧州を東西に分断する鉄のカーテンが舞い降りた」という演説である。四三年後の一九八九年、ジョージ・ブッシュ（父）大統領とミハエル・ゴルバチョフ書記長が地中海のマルタで会談し、米ソ冷戦は終結した。

この間、中国は一九七二年、リチャード・ニクソン大統領の訪中を受け入れ、七九年に米国と国交を結んだ。同じ共産主義国として中国はソ連の側に付いてもおかしくないのに、それはなぜだったのか。まず、中国とソ連との間では国境紛争が激化していた。なにより、中国は「いつか米国を倒して世界一の覇権を握る」という一〇〇年越しの野望を抱いていたからだ（この点は、すぐ後で紹介するマイケル・ピルズベリー氏の著書に詳しい）。

ソ連を牽制しつつ、国が発展する基礎を固めるためには「米国と国交を結んだほうがいい」という戦略的判断に立って、ニクソン訪中を受け入れたのである。当時、世界の誰もが予想しなかった「米大統領の電撃訪中」だった。

この実例を米中「新冷戦」に当てはめれば、いま立場が逆転し、中国の風下に立っているロシアが中国を出し抜くために、対米関係の改善に動いたとしても不思議ではない。日本のマスコミは「中ロ蜜月」と報じているが、一皮むけば、中国もロシアも、自国の安全保障と繁栄を達成するために「何がベストか」を考えているのだ。

民主・共和を問わず「中国は敵」

そして中国だ。私は日本と世界にとって、これから最大の問題は、「台頭する中国にどう向き合うか」だ、と考える。

これまで、米国の対中戦略は「関与（エンゲージメント）政策」が基本だった。貿易や投資を通じて中国との経済関係を強め、世界貿易機関（WTO）などに代表される世界秩序のなかに招き入れれば、やがて政治的にも民主化され「良き隣人」になる、という考え方である。日本でも、多くの政治家や経済人、識者がそう考えた。

だが、いまや「それは幻想であり、間違いだった」と多くの専門家が認めている。日本でもベストセラーになった『米中もし戦わば』（文藝春秋、二〇一六年）の著者であり、トランプ大統領の補佐官（通商製造政策局長）を務めているピーター・ナバロ氏が代表格だ。

また、関与政策の積極的な主唱者だった元米国防総省顧問のマイケル・ピルズベリー氏は、自身の著書『China 2049』（日経BP社、二〇一五年）の序章を、そのものずばり「希望的観測」というタイトルで書き始めている。自分が唱えた関与政策が「希望的観測に過ぎなかった」と反省を込めて認めたのだ。

私の個人的友人である米国務省幹部も二〇一八年七月、私との食事中に、「米国は、いまや民主党か共和党であるかを問わず『中国は米国の敵』という認識で一致している。米中『新冷戦』が始まったのだ」と語った。一言で言えば、これがトランプ政権の対中認識である。一八年三月から始まった米中貿易戦争も、そういう文脈で捉えなければならない。

ところが日本のマスコミでは、二〇一八年秋の段階になっても、トランプ政権が発動した対中制裁関税について、「冷戦を戦う」どころか「保護主義政策を進めるトランプはけしからん」といった論調の報道が相次いだ。関税引き上げは貿易を縮小させる。「中国の輸入に二五％もの関税を課す政策は保護主義そのものだ」というのである。

だが、そんな認識は根本の前提が間違っている。中国はそもそも「自由貿易のルール」を守っていない。

中国は進出した外資企業に強制的な技術移転を求め、拒否する企業には容赦なく懲罰を科した。懲罰自体もルールに基づかない政府の裁量だった。そうした実態は、ホワイトハウスや米通商代表部（USTR）の報告書に、あますところなく記述されている。

第七章で紹介したホワイトハウスの報告書には、「中国の産業政策は世界中から技術や知的財産を導入し吸収、消化、再革新することを目指している。具体的には……物理的窃盗やサイバー攻撃を使った陰謀に基づく国家が支援した知的財産の窃盗、米国輸出規制法制のかいくぐり、偽造と著作権の侵害、外国企業に対する強制的な技術移転の要求、独占的地位を利用した輸出規制、米国の大学や研究機関への非伝統的技術収集者（注：産業スパイ）の派遣などである」と書かれていた。

USTR報告は、中国に進出した米企業関係者の証言を紹介した。そのなかで、関係者の一人は、以下のように証言した。

「米企業はこの問題について脅迫され、黙っているしかなかった。とりわけ、中国にいる限りはそうだ。彼らは中国の強力かつ不透明な規制制度によって、罰を受けることを覚悟せざるを得なかったからだ」

別の企業関係者も、以下のように語っている。

「自分たちが直面したのと同じように、多くの会社がサイバー・ハッキングと技術の盗難に直面している。だが、販売の落ち込みと中国による報復を恐れて、公にするわけにはいかなかった」

一言で言えば、中国は「ルール無視の泥棒」である。そういう国とはルールに基づく自由貿易はできない。第七章で書いたように、USTRによれば、いまや中国の窃盗による知的財産の侵害は毎年一八〇〇億ドルから五四〇〇億ドル（約二〇兆円から六〇兆円）に上っている。そういう泥棒たちを一人ずつ個別に摘発していたのでは、とても間に合わない。だから、制裁関税で徹底的に戦う。これがトランプ政権の基本方針なのだ。

新聞が中国の悪行を書かない理由

情けないのは、日本のマスコミである。

中国の圧力や脅迫を受けていたのは、米国だけでなく日本企業も同じだ。ところが、日本のマスコミはそんな中国の悪行《あくぎょう》をほとんど報じてこなかった。

それどころか、先に述べたように、「悪いのはトランプ政権」「中国は被害者」と言わんばかりの報道を続けてきた。なぜかといえば、日本企業自身が、積極的にマスコミに対し、中国の振る舞いを暴露してこなかったという事情があるだろう。報復を恐れたからだ。

それより見過ごせないのは、マスコミ自身が中国の報復にビビった可能性である。つまり、取材拒否や支局閉鎖通告を心配したのだ。これは容易に推測できる。中国は自国に都合の悪い報道をした記者を国外追放したり、取材拒否した前例がいくつもあるからだ。

世界的に知られている有名な例は、米通信社、ブルームバーグの事件だろう。ブルームバーグは二〇一二年、共産党幹部たちが米国を含めた西側諸国に巨額の蓄財をしていた事実を報じた。幹部のなかには、国家主席に上り詰める直前の習近平氏も含まれている。先のナバロ氏は同じ著書のなかで、巨額蓄財が報じられると中国政府がブルームバーグの金融情報端末の不買運動を仕掛けたというくだりを紹介している。

金融情報端末の販売は同社のドル箱事業だ。これが売れなくなってしまっては、同社の中国事業自体が立ち行かなくなってしまう。「すると、ブルームバーグは中国に関する硬派のニュース報道事業から撤退してしまった。中国の圧力に屈したブルームバーグ会長ピーター・グローアーは中国市場の重要さを認め、『われわれは中国に残る必要がある』と語った」(『米中もし戦わば』、三六六ページ)。

同じく蓄財問題を報道した『ニューヨーク・タイムズ』やブルームバーグは、翌年、二〇人もの記者がビザ更新を拒否された。ビザ更新ができなければ入国できず、取材できなくなってしまう。この出来事は、中国報道に携わる記者なら知らない者はいない。

中国政府によるマスコミへの圧力はいまも続いている。二〇一八年八月には、日中高官協議を取材しようとした『産経新聞』の記者が当局に取材を拒否され、日本政府が抗議する騒ぎになった。『産経新聞』が狙われたのは、これまで中国の真実を伝え続け、それが中国に都合が悪かったからに違いない。

記者たちは、中国に不利な報道をすれば、どういう目に遭うか、よく分かっている。だから、知的財産の侵害について現地の日本企業などから実情を耳にしていても、目をつぶって自主規制してしまうのだ。

米中貿易戦争に関する報道が歪む背景には、マスコミの事情もある。貿易問題を報じるのは経済部記者や経済部出身のワシントン特派員である。彼ら経済記者は「米中の覇権争い」のような大きな枠組みではなく、「単なる貿易戦争」に問題を矮小化《わいしょうか》してしまう傾向がある。覇権争いを報じるのは外報部や政治部の仕事であって、自分の仕事はあくまでも経済問題だというように、タコ壺に閉じこもるのだ。

中国の知的財産権侵害を批判すれば、中国政府の逆鱗《げきりん》に触れると分かっている。そうなれば、畑違いの北京特派員を困らせる結果になる。同僚や会社に迷惑をかけるような面倒な話には、タッチしたくない。そういうサラリーマン心理が働いている。

日本の記者を「真実を追求する勇気はないのか」などと批判しても無駄である。彼らは、本質的には、ジャーナリストというより「高給取りのサラリーマン」なのだ。いつも頭の片隅で上司の顔色をうかがい、「出世のためにどれだけ点数を稼げるか」「経歴に傷が付かないだろうか」などと考えている。それを考えないような無鉄砲な記者は、そもそも特派員のようなエリートコースには乗れない。

読者が日本のテレビや新聞の報道に接するときは、「これを書いた記者は会社での評判が良くなるか、それとも逆に悪くなるか」と考えたほうがいい。評判を落とすかもしれないリスクを背負って報じた話なら、信用できる。自慢するわけではないが、私のように、かつて『東京新聞』という極端に左に傾いた新聞社に勤めながら、保守中道路線を貫いた記者には、残念ながらお目にかかったことがない。みんな会社に睨《にら》まれたくないのだ。

日本のマスコミは、中国の報復を恐れて口を塞《ふさ》いでいたばかりか、逆にトランプ政権を非難することによって、結果的に中国の肩を持っていたのである。そんなマスコミ報道を見ていて、事態の本質を理解できるわけもない。

米中貿易戦争の勝敗はどうなる

米中貿易戦争の行方はどうなるのだろうか。

はっきりしているのは、米国は「絶対に退かない」という点である。これは単なる経済戦争ではない。ハイテク技術は軍事に直結している。中国によるハイテク技術の窃盗を許していたら、米国は経済面での優位を失うばかりでなく、やがて軍事面でも脅《おびや》かされてしまう。

国家の安全保障が揺らいでしまうのだ。だから、米国は徹底的に戦う。

言い換えれば、米中貿易戦争は、これから本格化する米中「新冷戦」の序章に過ぎない。いまは貿易戦争の局面だが、この後、水面下で同時並行的に進んでいた金融・情報分野の戦争も本格化する。最終的には軍事的な緊張局面を迎える公算が高い。その点を以下、詳しく見ていく。

まず貿易戦争だ。これは米国が勝利する。

トランプ政権は二〇一八年九月時点で、中国に対して制裁関税を第三弾まで発動した。最初は七月六日、半導体など三四〇億ドル分を対象に二五％の上乗せ関税を課した。次が八月二三日、化学品など一六〇億ドル分に対し同じく二五％の関税を上乗せした。そして九月二四日、日用品などを対象に一〇％上乗せして、一挙に二〇〇〇億ドル分を追加した。総額二五〇〇億ドルである。

これにとどまらず、トランプ大統領は、「中国が報復すれば、さらに二六七〇億ドル分を追加する」と発表している。実行されれば、総額五一七〇億ドルになる。

そうなると、米国は中国からの輸入品すべて（二〇一七年で五〇五六億ドル）に制裁関税をかける形になる。これに対して、中国は報復しようにも、同じ規模では報復できない。なぜなら、中国の米国からの輸入は一二九九億ドル（二〇一七年）に過ぎないからだ。

結局、中国が対抗しようとすれば、中国に進出している米系企業に嫌がらせをするくらいしか手がない。たとえば、米系企業の中国事業をあの手この手で妨害するといった戦術である。

だが、そんなことをすれば、米系だけでなく、すべての外資企業が中国から逃げ出すだけだ。実際、二〇一八年九月時点で、多くの日本企業が中国を拠点にした生産物のサプライ・チェーンを他国に移したり、日本に戻し始めた。中国からの対米輸出に高関税が課せられるなら、他国や日本から輸出したほうが有利になるからだ。

結局、中国は、対米輸出の減少と外資の撤退、投資減少、さらに輸入品の値上がりを通じたインフレ圧力に悩まされる。そうと分かって途中で白旗を掲げる可能性はあるが、いずれにせよ、中国の負けだ。

すると、中国はどうするか。

金融市場で囁《ささや》かれてきたのは、「中国が保有している米国債を売却するのではないか」という観測である。これは、かなり前から、中国が米国に対して握った「最後の切り札」と言われてきた。だが、米国債売却は切り札にならない。

中国は二〇一八年七月時点で三兆一一八〇億ドルに上る外貨準備を保有している。そのうち、米財務省によれば、三分の一を上回る一兆一八八〇億ドルを米国債で運用している（同年三月時点）。この米国債を売却すれば、中国は米国に致命的な打撃を与えられる、という話だった。

どういう理屈なのか。他の条件に変わりがなければ、中国の米国債売却は国債市場で供給超過をもたらすから国債価格が低下し、長期金利が上昇する（国債の値下がり＝長期金利上昇）。長期金利の上昇は為替市場でドル買い需要を招くので、ドル高を招く。ドル高は米国の輸出価格の上昇をもたらし、輸出減少につながる。結局、金利上昇とドル高・輸出減で米国の景気が落ち込む、というシナリオである。

ところが、これに米国は対抗できる。中央銀行＝米連邦準備制度理事会（ＦＲＢ）が、中国の売却分をそっくりそのまま買い取ればいいからだ。単純な話である。日銀が日本国債を大量に買っているように、ＦＲＢは米国債をいくらでも買うことができる。すると、まさに「他の条件に変わりがなければ」という前提が成り立たず、先のシナリオのようにはならない。元のままだ。

そういう芸当が可能になるのは、根本的には、ドルが米国の自国通貨であるからだ。いくら中国が米国債を売ろうとも、ＦＲＢはドルをどんどん供給できるから、いくらでも米国債を買える。中国は所詮、相手の土俵で勝負しているに過ぎない。初めから勝てるわけがないのである。

中国の在米資産が凍結されたら

それだけではない。

米国には、もっと強烈な手段もある。中国が保有している在米資産を凍結するのだ。それは既に発動されている。トランプ政権は二〇一八年九月、ロシアから「軍用機と地対空ミサイルを購入した」という理由で、中国の中央軍事委員会装備発展部と、そのトップである李《り》尚福《しょうふく》中将を、「制裁のブラックリスト」に掲載した。

ロシアも、二〇一四年のクリミア侵攻と二〇一六年の米大統領選への介入を理由に、米国の経済制裁の対象になっている。制裁逃れをした外国企業や個人はブラックリストに掲載され、米国の敵対者に対する制裁措置法（ＣＡＡＴＳＡ）に基づき、米国内の資産が凍結される。このときは、中国の軍事組織と李中将が狙い撃ちされた。

追い討ちをかけるように、「トランプ政権は、サイバー攻撃で知的財産を侵害した中国の組織や個人に対しても、同様の制裁を科すことを検討している」と報じられた。サイバー攻撃には、中国の人民解放軍が関与している事実が明らかになっている。

そうなると、中国は人民解放軍やその傘下にある組織、企業、個人など、相当な範囲で資産凍結を覚悟しなければならなくなる。この報道には、習近平氏も肝《きも》を冷やしたに違いない。なぜなら、先に紹介した二〇一二年のブルームバーグ報道にあったように、中国共産党幹部たちは隠し資産を米国に溜め込んできたからだ。中国の要人たちが、米国、カナダ、英国などに、愛人や家族、そして巨額の資産を逃避させているのは、世界では周知の事実である。

その後、米国から他国や租税回避地（タックスヘイブン）に資産を移した可能性はあるが、米国当局はカネの流れを追っているに違いない。つまり米国は、いざとなれば、習近平氏自身を含め、中国共産党幹部たちの個人資産を凍結してしまうのも可能なのだ。

これは「中国という国の本質」を物語っている。

習近平国家主席が牛耳《ぎゅうじ》る中国は「いつか世界の覇権を握ろう」という「中国の夢」を掲げて、米国への対抗心をあらわにしてきた。ところが、その実態はといえば、米国のハイテク技術を盗み出し急速な発展を遂げたが、それで得た資金の多くは、敵であるはずの米国の国債を買って運用してきた。権力者たち自身も、蓄えたその秘密資産を米国に逃避させた。

つまり、世界制覇の夢は最初から最後まで、なにもかも「米国依存」なのだ。まさに「砂上の楼閣《ろうかく》」である。中国の泥棒たちが築いた、一見立派な楼閣の土台は、米国の砂だった。米国が崩そうと思えば、あっという間に崩れてしまうのは、当然である。

情報面でも反撃に出た米国

米国は情報面でも攻勢に出ている。

米紙『ウォール・ストリート・ジャーナル』によれば、米司法省は中国国営の新華社通信や中国中央テレビの外国語放送（CGTN）を中国政府の宣伝活動機関と認定して、外国代理人登録法に基づいて登録するよう命じた。中国政府の代理人（エージェント）として登録されると、中国政府との関係や活動内容、収入、支出について、詳細に司法省に開示しなければならなくなる。米議会の記者章も交付されなくなり、これまでのような報道機関を装った取材活動が制限される可能性もある。

米紙報道を紹介した『読売新聞』によれば、外国人代理人登録法は、第二次世界大戦でナチス・ドイツに対する広報活動を制限したのが発端で作られた。中国はいまやナチス並みの扱いになった形である。

また中国は、米国の地方紙に中国政府系英字紙の広告記事を織り込むといった宣伝活動もしている。あたかも本紙のように見えるので、読者は中国の宣伝とは知らずに記事を読むことになる。アイオワ州の有力紙『デモイン・レジスター』には、二〇一八年九月、米国の通商政策を批判する中国英字紙『チャイナ・デイリー』の四ページにわたる広告記事が掲載された。この『チャイナ・デイリー』も外国代理人登録法に登録された中国の宣伝機関だ。

これを受けて、トランプ大統領は記者団に「習氏はもはや友人ではないかもしれない」と語っている。後で見るように、ペンス副大統領も非難した。

このような中国のあからさまな情報操作に対し、今後、トランプ政権は本腰を入れて対応していくだろう。

さらに米国では、「孔子学院」に対する連邦捜査局（FBI）による捜査も始まっている。孔子学院というのは、中国が中国語・中国文化教育を装って、中華思想や中国の政策を宣伝するために、世界各地の大学に設置している機関だ。

FBIのクリストファー・レイ長官は、二〇一八年二月、米上院情報委員会の公聴会で、「中国政府は孔子学院を利用して、中国共産党思想のプロパガンダ（宣伝）だけでなく、米政府の情報を違法に入手するスパイ活動に関わっている疑いがある。FBIは捜査を開始した」と証言した。レイ長官によれば、中国は「孔子学院を通じて中国人留学生を監視し、米国人学生にも思想的な影響力を行使している」という。スパイ養成の一翼を担っているのだ。

孔子学院は、米国だけでなく、日本でも早稲田大学や立命館大学などに設置されている。中国の思惑は同じだ。日本人も決して他人事《ひとごと》と考えてはいけない。

貿易戦争に敗れ中国は尖閣侵攻か

米国が貿易戦争に勝利し、金融と情報戦争でも攻勢に出ていくとすれば、中国はどう反撃するだろうか。最大の注目点はそこだ。

私は、中国が軍事力に頼って暴走する可能性がある、と見る。具体的に言えば、中国は「東アジアでの縄張り固め」に全力を挙げるのではないか。貿易、金融、そして情報の「戦争」に敗れたなら、次はいよいよ軍事対決が訪れると見て、中国周辺の足場固めにかかるのだ。

第七章で述べたように、習近平氏の中国は、米国との「太平洋縄張り分割」が基本戦略だった。その大戦略を変更する可能性はないのか。ここは判断の問題である。私は「ない」と見る。そんなことをすれば、習近平政権の正統性と求心力が傷付いてしまうからだ。下手をすれば、政権の基盤が揺らいでしまう。

それよりも非軍事の前哨戦敗退を受け入れて、自分が戦いやすい舞台で復讐を考える可能性が高い。それは自国に近く、地理的優位のある地域になるだろう。たとえば、南シナ海や東シナ海、あるいは太平洋に出る際のチョークポイント（戦略的要所）である尖閣諸島周辺のような地域である。そうした場所を押さえることによって、事実上の「縄張り分割」を目指す。そんな挙に出る可能性が高いと見る。

そうなれば、日本の国益に直結する事態である。

尖閣諸島の防衛が最重要であるのは、言うまでもない。南シナ海が中国の支配下に入ってしまえば、マレーシアとインドネシアのあいだに位置するマラッカ海峡を通過して日本に原油を運ぶタンカーの往来も、不自由になってしまう。いま起きている事態は、そんな悪夢のシナリオの始まりかもしれないのだ。

思い起こせば、かつての太平洋戦争も「米国による対日禁輸」が直接の引き金になった。日本の南部仏印（フランス領インドシナ南部）進駐を受けて、米国は日本に対する石油輸出を禁止した。それで、日本は真珠湾攻撃に踏み切ったのだ。軍事攻撃の前には、いまで言う貿易戦争もあった。当時の日本は、それ以前から中国大陸で軍事行動を起こしていたが、米国はまず貿易戦争を前段に仕掛けて、その後、軍事の戦争を受けて立った。

その前例から考えれば、米中「新冷戦」で、米国がまず貿易戦争を仕掛け、金融・情報戦争を戦っているのは、最終的な軍事対立も視野に入れたシナリオに基づいているのかもしれない。つまり、最後の軍事対決から逆算して、前哨戦として貿易、金融、情報の「戦争」を仕掛けた可能性がある。先に紹介したナバロ大統領補佐官の著書は、その大部分を軍事対決の検討に割き、ホワイトハウスの報告書も国家安全保障上の懸念に言及している。

あからさまに「戦争をするぞ」などと大声を張り上げてはいないが、その可能性を視野に入れて、目の前の貿易戦争を戦っているのだ。

そんな米中対決に、日本はどう関わっていくのか。

安倍晋三首相は二〇一八年九月、米国でトランプ大統領と会談した。日本のマスコミはもっぱら、新しい日米物品貿易協定（ＴＡＧ）の締結に向けた交渉に焦点を当てて会談を報じた。だが、それだけでは近視眼的だ。日米貿易交渉がどうなるかは大事な問題だが、それ以上に、これから日本と世界を揺るがす可能性があるのは、米中対決の行方である。

日本のマスコミが「トランプの保護主義はけしからん」と批判するのは自由だが、それが行き過ぎて、結果的に日本が中国の肩を持つような形になってしまったら、国益に波及する。それで、私は首脳会談前、九月二九日付（二八日発売）の『夕刊フジ』のコラム「ニュースの核心」で、「日本はむしろ、米国を側面支援すべきであって、間違っても、中国の米国批判に手を貸すようなまねはしてはならない」と釘を刺した。

果たして日米首脳会談では、どんな議論になったのか。コラム公開と同じ日に報じられた共同声明を読むと、前段のＴＡＧ交渉開始とともに、第六項で次のような文面が盛り込まれていた。

〈日米両国は、第三国の非市場志向型の政策や慣行から日米両国の企業と労働者をより良く守るための協力を強化する。したがって我々は、WTO改革、電子商取引の議論を促進するとともに、知的財産の収奪、強制的技術移転、貿易歪曲的な産業補助金、国有企業によって創り出される歪曲化及び過剰生産を含む不公正な貿易慣行に対処するため、日米、また日米欧三極の協力を通じて、緊密に作業していく〉

ここで名指しは避けているが、「第三国」が中国を指しているのは明らかである。つまり日米は、連携して、中国の知的財産侵害に対して戦っていくことを宣言したのだ。日米だけではない。その戦いには欧州も参戦する。日米は事前の調整で欧州の了解も得ていた。これで、中国vs.日米欧の構図がはっきりと出来上がった。

これは、安倍首相とトランプ大統領の蜜月がもたらした歴史的な成果である。私の心配は杞憂《きゆう》だった。

これから、中国との戦いは長く続く。先に紹介した中国専門家のピルズベリー氏は、著書『China 2049』の中で「今後二五年間でアメリカの安全保障上、最も難しい問題」と書いている。米国の専門家は米中対決を「二五年間の長期戦」と見ているのだ。

副大統領の「鉄のカーテン演説」

そんな中、米国のペンス副大統領は、二〇一八年一〇月四日にワシントンで講演し、貿易など経済分野に限らず、安全保障分野でも中国に対し「断固として立ち向かう」と述べた。かつての米ソ冷戦の始まりを告げた「鉄のカーテン」演説に匹敵する歴史的出来事である。

約五〇分間にわたったペンス演説をかいつまんで要約すれば、以下の通りだ。

・中国は政治、経済、軍事的手段、プロパガンダを通じて米国に影響力を行使している。
・米国は中国に自由なアクセスを与え、世界貿易機関（WTO）に招き入れた。経済だけでなく政治的にも、中国が自由を尊重するようになると期待したからだ。だが、期待は裏切られた。
・中国政府はあらゆる手段を使って米国の知的財産を手に入れるよう指示している。安全保障に関わる機関が「窃盗」の黒幕だ。
・習近平国家主席はホワイトハウスで「南シナ海を軍事化する意図はない」と言った。だが、実際には人工島に対艦、対空ミサイルなどを配備している。
・最近も中国海軍の艦艇が米海軍のイージス艦に異常接近した。
・中国は国民を監視し、反政府的人物は、外に一歩出るのも難しい。

・中国最大の「闇（underground）教会」は閉鎖され、キリスト教徒や仏教徒、イスラム教徒が迫害されている。
・中国はアジア、アフリカ、欧州、南米で借金漬け外交を展開している。負債が払えなくなったスリランカには、港を引き渡すよう圧力をかけた。中国の軍港になるだろう。
・米国は台湾の民主主義を支持する。
・中国は米国の企業や映画会社、大学、シンクタンク、学者、ジャーナリスト、地方や連邦政府当局者に圧力をかけたり、見返りの報酬を与えている。
・最近も、ある大企業を「米国の通商政策を批判しなければ、事業の許可を与えない」と脅した。
・米地方紙『デモイン・レジスター』に中国政府のPR記事を挿入し、米国の通商政策を批判した。だが、米国民は騙されない。
・米国の合弁企業には、社内に「共産党組織」を設置するよう要求した。
・ハリウッドには中国を好意的に描くよう、日常的に要求している。
・中国は英語放送を通じて米国民に影響を与え、学会や大学にも資金提供を通じて圧力をかけている。メリーランド大学で学んだ中国人学生は卒業式で「自由な言論の新鮮さ」と語っただけで、共産党機関紙が彼女を非難し、中国の家族も嫌がらせを受けた。

・ハドソン研究所も、中国政府が好まない講演者を招いただけで、サイバー攻撃された。
・我々のメッセージは「大統領は引き下がらない、米国民は惑わされない」だ。
・トランプ政権は米国の利益と雇用、安全保障を守るために断固として行動する。

トランプ政権の最高幹部から、これほど激しい中国批判が飛び出したのは初めてだ。私は一読して、すぐ「鉄のカーテン」演説を思い出した。英国のチャーチル首相が一九四六年、米国で「欧州大陸を横切る『鉄のカーテン』が降りた」と語った演説である。それは、米ソ冷戦の始まりを告げる歴史的な出来事だった。ペンス副大統領の演説は、それに匹敵すると言っていい。まさに米中「新冷戦」の始まりを告げていた。

ペンス副大統領は演説で、米国独立戦争から説き起こし、第二次世界大戦、朝鮮戦争、ソ連崩壊という歴史の大きな節目における米中関係を振り返ったうえで、中国を批判している。つまり、現在の米中関係が歴史的転換点にあることを強調していた。米国は中国を支援し、国際社会への関与を手助けしてきたが「もはや、それはできない、対決する」と語っている。

歴史家は「米中『新冷戦』はペンス演説から始まった」と書くだろう。

中国に強硬となるトランプの必然

実際、ペンス演説から一月も経たないうちに、東アジア情勢は大きく動き出した。

まず、中国が日本にすり寄ってきた。安倍晋三首相は二〇一八年一〇月二五日から三日間、北京を訪問して習近平国家主席と会談した。すると、習氏は終始、柔らかい表情で安倍首相を歓待し、冷え切っていた日中関係の改善に動いたのだ。

なぜ、中国は日本に接近したのか。

米国が中国との「新冷戦」に動く中、日米の連携に楔《くさび》を打ち込むためだ。日米同盟の分断は無理としても、せめて「日本は中立的な立場でいてもらいたい」「保護主義反対を唱えてトランプ政権を諌《いさ》めてもらいたい」という思惑である。

安倍首相は、中国との通貨スワップ協定再開、第三国における民間経済協力、イノベーション（技術革新）協力対話の開始などを認め、「競争から協調へ」という姿勢で応じた。そんな対応には「中国に甘すぎる」といった批判も出た。

一方で、日本は尖閣諸島問題で中国を押し返さなければならない。北朝鮮による日本人拉致問題では、中国の協力を求めている。本当に金融危機が起きれば、中国の経済規模から見て、対応策は日米欧を含めたグローバルな課題になるだろう。そのとき、日本が通貨スワップ協定をどう運用するかは、中国の命運を握る鍵になるかもしれない。中国経済の喉頸《のどくび》に、日本が匕首《あいくち》を突き付けたとも言える。

また安倍首相は、首脳会談で「日本は日米同盟を基軸とする」点を習氏に念押しした。さらに「日本と中国は互いに脅威とならない」原則を訴え、中国の同意も得た。これは大きな成果だ。多くの課題が絡み合うなか、日本は中国を牽制し無謀な行動を抑止していくため、複雑な連立方程式を解いていく必要がある。

中国訪問を終えた安倍首相は、来日したインドのナレンドラ・モディ首相と、一〇月二九日に会談した。インドは伝統的に「非同盟主義」を貫いてきたが、モディ首相は日本と外交・防衛閣僚会議（２＋２）の新設に同意した。インドも「対中警戒感」を高めている。

一方、北朝鮮の金正恩朝鮮労働党委員長は九月、トランプ大統領に親書を送り、先に述べたように二回目の米朝首脳会談を求めた。正恩氏は「核のリスト」提示を拒否しつつも、大統領批判は封印して、米国との関係維持を図っている。背景には「米中『新冷戦』の行方を見極めよう」という思惑もあるに違いない。北朝鮮でさえも新しい情勢に適応しようとしているのだ。

哀れなのは、韓国である。

韓国の最高裁は一〇月三〇日、元徴用工が新日鉄住金を相手取って損害賠償を求めた裁判で、同社に元徴用工への賠償支払いを命じた。日本は一九六五年、韓国との国交を正常化した日韓基本条約とセットで結んだ請求権協定で「賠償問題は完全かつ最終的に解決済み」との立場だ。

すると文在寅政権は、最高裁判決を支持した。北朝鮮に対する日米韓の連携は大きく揺らいでいる。韓国は自ら「八方塞がり」の状態に陥りつつある。

そんな中、一一月六日に実施された米国の中間選挙で、トランプ大統領の与党、共和党は上院で多数派を維持し、下院では少数派に転落した。議会のねじれ状態に直面し、トランプ政権は、中国に対して一層、強腰になる可能性が高い。「外敵を仕立てて内政の苦境を乗り切る」のは権力者の常套《じょうとう》手段である。中国の反日教育など、その最たるものだった。

もはや後戻りはできない。米中新冷戦という現実の下、日本は米国との同盟を堅持しつつ、冷静で複眼志向の外交戦を戦う覚悟が問われている。

あとがき――権力者が現実主義に立つ限り

米中「新冷戦」が本格化した世界の中で、日本はいかに繁栄を維持していくべきか――本書の最後に「現実主義」と「理想主義」について触れておきたい。

私は、政治における現実主義を「世界と日本の現状をあるがままに見て、その制約のなかで日本の平和と繁栄を追求する立場」と定義する。これに対して、理想主義は「最初に自分が理想と考える国の姿をイメージして、そこから現状を眺めて嘆いたり批判したりする立場」と考える。

日本では、これまで理想主義の勢力が強かった。

野党や左派マスコミは、あたかも理想的な天上の世界から外界を眺めているように、現状を批判してきた。安全保障問題で言えば、「世界はみな平和を願っているはずだ」という前提からスタートして、「だから日本が軍事力で対抗するのは間違っている。憲法第九条を守っていればいい」という主張になる。

経済政策も同じである。財政赤字が少なくて、預貯金にそこそこの金利がある状態が理想的だ。それなのに、現状は財政赤字が多くて、ゼロ金利状態が続いている。これは異常だ。「だから、早く赤字を減らし、ゼロ金利も止めるべきだ」と訴える。

野党や左派マスコミが安全保障と経済政策で似たような主張をするのは、偶然ではない。彼らは、ともに物事の考え方が、天上の世界から眺めた理想主義から出発している点で共通している。安全保障の「お花畑論」と経済政策のタカ派は、発想の根本が同じなのだ。

これに対して、安倍政権は現実主義に立ってきた。これまで見てきたように、憲法改正は「できることからまず一歩」という姿勢だ。日本人拉致問題も北方領土も同じである。いきなり自分の主張を相手にぶつけるのではなく、他国を含めた現実の全体状況を睨みながら、問題が少しでも解決に近づくように環境を整えてきた。

安倍政権が長く続いた最大の意義は、そんな現実主義が日本の政治風土に根付いていく触媒《しょくばい》の役割を果たした点にある。

読者にとっても、明日の日本を予測しようとすれば、現実主義に立つ以外にない。自分の理想ばかりにこだわって日本や世界を眺めていれば、必ず情勢判断を誤ってしまう。なぜなら、理想はあくまで理想であって、現実に立脚した情勢分析ではないからだ。思い込みや贔《ひい》屓《き》の引き倒し、好き嫌いは抜きにして、冷静に現状を観察する。それが出発点でなければならない。

権力者が現実主義に立っている限り、市井《しせい》の人々も現実主義に基づいて事態を観察していれば、おのずと「権力者の次の行動」が見えてくる。理想主義では、判断を間違える。そもそもレンズが曇っているからだ。本書を読んだ読者にとって、安倍政権の次の数年間が「予測しやすい」時代になれば、幸いである。

二〇一八年一一月

長谷川幸洋《はせがわゆきひろ》

長谷川幸洋

ジャーナリスト。1953年、千葉県に生まれる。慶應義塾大学経済学部卒、1977年に中日新聞社入社、2018年3月、東京新聞・中日新聞論説委員を最後に退社。ジョンズホプキンス大学高等国際問題研究大学院（SAIS）で国際公共政策修士。財政制度等審議会臨時委員、政府税制調査会委員などを歴任。規制改革推進会議委員。『日本国の正体　政治家・官僚・メディア——本当の権力者は誰か』（講談社）で第18回山本七平賞を受賞。『2020年新聞は生き残れるか』『官僚との死闘七〇〇日』（以上、講談社）、『ケント&幸洋の大放言!』（ビジネス社）など著書多数。テレビ朝日「朝まで生テレビ!」、BS朝日「激論!クロスファイア」、読売テレビ「そこまで言って委員会NP」など、テレビ・ラジオ出演多数。

講談社+α《プラスアルファ》新書　**803-1 C**

明日《あす》の日本《にほん》を予測《よそく》する技術《ぎじゅつ》

「権力者の絶対法則」を知ると未来が見える!

長《は》谷《せ》川《がわ》幸《ゆき》洋《ひろ》

2018年12月13日第1刷発行

発行者———— **渡瀬昌彦**

発行所———— **株式会社 講談社**

東京都文京区音羽2-12-21 〒112-8001

電話 編集(03)5395-3522

販売(03)5395-4415

業務(03)5395-3615

カバー写真——— **共同通信イメージズ、Getty Images**

デザイン———— **鈴木成一デザイン室**

カバー印刷——— **共同印刷株式会社**

印刷———— **慶昌堂印刷株式会社**

製本———— **牧製本印刷株式会社**

ISBN978-4-06-514101-4